YO, EL MEJOR DE TODOS

Mito y realidad del Che Guevara

COLECCIÓN CUBA Y SUS JUECES

EDICIONES UNIVERSAL, Miami, Florida, 2022

Roberto Luque Escalona

YO, EL MEJOR DE TODOS

Mito y realidad del Che Guevara

Copyright © 1994 & 2022 by Roberto Luque Escalona

Primera edición, Ediciones Universal, 1994
Segunda edición corregida y aumentada, 2022

EDICIONES UNIVERSAL
P.O. Box 450353 (Shenandoah Station)
Miami, FL 33245-0353. USA
e-mail: ediciones@ediciones.com
http://www.ediciones.com
(Desde 1965)

Library of Congress Catalog Card No.: 94-70349
(de la primera edición)

ISBN: 978-1-59388-334-8

Composición de textos: María Cristina Salvat

Diseño de la cubierta: Luis García Fresquet

En la portada foto del Che Guevara al ser capturado en Bolivia.
En la foto original aparece con Félix Rodríguez.

En la contraportada foto del autor por Leticia Pujol.

Todos los derechos
son reservados. Ninguna parte de
este libro puede ser reproducida o transmitida
en ninguna forma o por ningún medio electrónico o mecánico,
incluyendo fotocopiadoras, grabadoras o sistemas computarizados,
sin el permiso por escrito del autor, excepto en el caso de
breves citas incorporadas en artículos críticos o en
revistas. Para obtener información diríjase a
Ediciones Universal.

«YO, LA PEOR DE TODAS»: Así firmaba Sor Juana Inés de la Cruz, acosada por la Inquisición, las cartas en las que confesaba imaginarias culpas.

ÍNDICE

CAPÍTULO I — EL PAÍS 9

CAPÍTULO II — EL PARADIGMA REVOLUCIONARIO. . . . 33

CAPÍTULO III — NIÑEZ FELIZ. JUVENTUD
    AVENTURERA. 47

CAPÍTULO IV — ADIÓS A LA PATRIA. ENCUENTRO CON
    LOS CUBANOS. FIDEL 67

CAPÍTULO V — LA SIERRA Y EL LLANO. SÁNCHEZ
    MOSQUERA. LA VICTORIA 79

CAPÍTULO VI EL CALAMITOSO GOBERNANTE. 107

CAPÍTULO VII — DESASTRE EN EL CONGO. HOARE
    Y LOS CUBANOS 133

CAPÍTULO VIII — TAMARA BUNKE 135

CAPÍTULO IX – BOLIVIA 141

CAPÍTULO X — EL CHE GUEVARA HA MUERTO 159

CAPÍTULO XI — Y SOLO QUEDÓ EL ODIO 159

CAPÍTULO I
EL PAÍS

«Amargo», dijeron los inmigrantes al probar las aguas del río Salado, o al menos eso dice José Pedroni que dijeron. Pero, ¿cuál río Salado?

Hay dos: uno al norte, tributario del Paraná, con el que se une en las cercanías de Rosario; otro, el que atraviesa la provincia de Buenos Aires, único río entre el Paraná y el Colorado digno de figurar en un mapa de 1:300 000. Debe ser el segundo. Los recién llegados que atravesaban la inmensa llanura encontraron un río de aguas amargas.

De todos modos fue bueno encontrarlo; más que agua, lo que necesitaban aquellos hombres nuevos era algo que interrumpiera la sensación de opresiva infinitud que producen las llanuras esteparias. Porque eso es la llamada pampa húmeda: una planicie herbácea, sin ríos, sin los bosques de galería que a los ríos acompañan; el ombú, árbol solitario, uno aquí, el otro a muchos kilómetros, debe reforzar mas que romper la apariencia de infinito.

En ninguna otra región de Iberoamérica existe un paisaje similar. Hay otras llanuras inmensas, pero son selváticas como la Amazonia, pantanosas como el Matto Grosso o interrumpidas por bosques ribereños y palmares como los llanos del Orinoco. Son mundos heterogéneos, donde la mirada del hombre encuentra en qué detenerse.

Esta llanura es el corazón, el núcleo de lo que hoy se llama la República Argentina y antes fue el Virreinato del Río de la Plata, su región definitoria, la que hace que el país sea lo que es y no otra cosa, a pesar de que ocupa menos de un 20 por ciento del territorio nacional. ¿Y qué es, después de todo, Argentina? Un país distinto, al que solo se parece Uruguay, desprendido del antiguo virreinato. El carácter peculiar de la pampa propicia la pecualiaridad de la nación surgida en y en torno a esa llanura.

Si el medio es distinto también lo será el hombre. El gaucho no es más que un vaquero, un pastor de ganado mayor como el huaso del Chile Central, el llanero de las planicies venezolanas y colombianas, el charro del occidente mexicano; pero las diferencias son demasiadas para que no se noten. El mayor espacio físico parece acentuar en el gaucho la tendencia al nomadismo propia del oficio. Siente la necesidad de ser parco; más aún: da la sensación de cultivar la parquedad. El manejo de animales cerriles es oficio violento, y una violencia trae la otra; pero el gaucho tiene una particularidad distintiva: su repudio al arma de fuego. La abundante sangre que encontramos en la literatura gauchesca es producto de tajos y puñaladas; no se oye un sólo disparo. Los llaneros y charros prefieren el revólver, que en éstos últimos forma parte de su atuendo típico. En cuanto a los *cowboys* y *frontiermen* norteamericanos, por cada Jim Bowie hay 20 Wyatt Earp.

Pero lo que más distingue al gaucho de sus congéneres hispanoamericanos es su conversión en mito.En esto se igualaron a los hombres del Oeste , solo que van más allá; más que mito, el gaucho se convierte en paradigma nacional.

Los buenos oficios de Rómulo Gallegos no bastaron para llevar al llanero a un plano paradigmático. En México fue el cine el que trabajó la imagen del vaquero, del violento hombre de a caballo, pero a pesar de Jorge Negrete y su bella voz, de Pedro Infante y su simpatía, el México moderno ve al charro como algo querido, parte de la imagen del país, pero también parte de lo que ya pasó, de lo que quedó atrás.

Los gauchos también pasaron, también quedaron atrás, y mucho antes; hace tiempo que no hay lugar en la Argentina para gente como ellos. Sin embargo, su espíritu permanece y permea la vida nacional.«Haceme la gauchada». es la frase al uso para pedir un favor; el que lo concede no sólo habrá ayudado a un amigo, sino que tendrá la satisfacción de haberse comportado como hombre de valía. «Puro sentimiento gaucho» es un elogio de los grandes... a menos que la frase sea dicha con ironía; pero aún en ese caso es notorio el lugar que ocupan en el subconsciente de los argentinos esos vaqueros semibárbaros. Segundo Sombra (tan don como Alonso Quijano), Martín Fierro, Cruz, Santos Vega: ningún otro país cuenta en su panteón nacional con tantos personajes sacados de la peonada.

Como tenía que ser, cantores y cronistas no le han faltado al gaucho. Así, desde muy lejos en el tiempo y la distancia, un extraño puede

intentar un acercamiento. Para ello cuenta con la ayuda de hombres como el general y escritor Lucio Mansilla, que habla de lo que vio y oyó:
«— Dicen que eres ladrón, cuatrero y asesino.
— Así será.
— ¿Pero tú que crees?
— Yo no soy hombre malo.
— ¿Qué eres entonces?
— Soy hombre gaucho».

En éste diálogo de Mansilla está presente un elemento que marca toda la vida del país: la violencia. La Argentina ya no es rústica ni sencilla ni parca como su paradigma, pero sí, como él, violenta.

La pampa húmeda, una de las llanuras mas fértiles que se puedan encontrar, con buen clima para los cereales y nada que requiera desbroce, reclamaba brazos, y no serían los vagabundos y pendencieros gauchos, poco aficionados a caminar tras un arado, quienes los proporcionarían. Se necesitaban emigrantes, y los pobres de Europa, atraídos por las promesas de trabajo y buena tierra, y por un clima similar al que conocían, arribaron por miles, por cientos de miles. El antiguo Virreinato del Río de la Plata acentuó sus diferencias con el resto de lo que había sido el imperio español.

El virreinato se parecía vagamente a sus similares de Nueva España, Perú y Nueva Granada, pero era más pobre y estaba lejos de todo. La República Argentina se diferenciará cada vez más del resto de Hispanoamérica y la diferencia se marcará en los apellidos: italianos (muchos italianos, millones de ellos), judíos, alemanes, franceses, ingleses, armenios, sirios; ah, también españoles, sobre todo vascos. Los negros, que si no abundaban tampoco eran escasos en el virreinato y las primeras décadas republicanas, desaparecen paulatinamente. Menos paulatinamente desaparecen los indios: demasiado salvajes y belicosos para ser absorbidos, demasiado débiles para vencer, no sabían vivir en paz ni podían ganar la guerra; fueron, pues, barridos en las sucesivas «campañas del desierto». de las que muy poco se habla. Con su característica inclinación a buscar la paja en el ojo ajeno, los latinoamericanos prefieren referirse a las cargas de la caballería *yan-*

kee contra sioux y cheyennes cuando de exterminio de indígenas se trata.

Lo cierto es que la Argentina se convirtió en lo que es: un país de blancos. Pero hasta en el Cielo hay jerarquías, decía mi madre, que era aficionada a ellas. No es lo mismo llamarse Caniggia o Ruggieri que Burruchaga o Elarticoechea. Son los apellidos «grasa» y los apellidos «bien». Guevara no está mal, ni Lynch, y De la Serna es sencillamente inobjetable.

En el centro de la pampa húmeda, a orillas del inmenso estuario que forman el Paraná y el Uruguay, está la otra mitad del país: Buenos Aires. Bonito nombre para una ciudad. Ninguna otra capital latinoamericana domina la vida de la nación de modo tan completo. Ella tenía que producir su propio símbolo; y lo hizo: el compadrito.

No es un guapo más. Los cultores de la guapeza no faltan en ninguno de nuestros países. Agresivos, resentidos, son parte de la manera de ser y de vivir que ha provocado nuestro atraso. Pero los guapos cubanos, peruanos, venezolanos, colombianos no han penetrado en la conciencia nacional; ni siquiera en México, donde existe un verdadero culto a la brabuconada, el guapo ha logrado un prestigio similar al del compadrito porteño.

A diferencia del gaucho, el compadrito sobrevive, lo que, entre otras cosas, explica su condición subalterna en la leyenda. Subalterna en cuanto al gaucho: el compadrito ha impuesto su manera de hablar y su música, partes inseparables del ser nacional. En Cuba, a pesar de la intensa mezcla propiciada por Fidel Castro, la jerga del hampa sigue en su sitio; en cambio, en Argentina, el lunfardo ha trepado a lo más alto de la escala social. Cualquier argentino, no importa lo rico o culto que sea, le llama *guita* al dinero, *mina* a la mujer, *morfi* a la comida y *laburo* al trabajo.

El motivo fundamental, a mi entender, de que el compadrito, el malevo, no haya alcanzado las excelsas alturas del gaucho en la leyenda nacional está en su propia supervivencia. Los gauchos no pueden volver desde el pasado para perjudicar a nadie. Ningún gaucho nos esperará a la puerta de un *bailongo* para decir «va... ca...yendo gente al baile». dirigiéndose obviamente, a la mujer que nos acompaña, y luego acallar nuestras protestas por el simple método de sacarnos las tripas con el facón. En cambio, los compadritos siguen fastidiándole la paciencia al prójimo. Tan violento y pendenciero como el gaucho, adicto como su hermano campestre a los duelos, despreciador como él de las armas de fuego, el compadrito reafirma y confirma la tradición de violencia que ha sido la desgracia de Argentina, un país donde, al parecer, cualquier esquina puede ser rosada... y volverse roja con la sangre de un hombre.

La supervivencia del duelo en una sociedad de tan alto nivel de desarrollo económico y cultural no es asunto como para tomarlo a la ligera. No es que el duelo sea legal; es que tiene prestigio, y lo prestigioso no puede prohibirse del todo. Fue por eso que escogí a la Argentina para llevar a cabo lo que pudo haber sido un regalo para Fidel Castro: el duelo entre Gustavo Arcos y yo. Cuando Gustavo, que entonces era mi amigo, se entrometió en mi vida privada de la manera más arrogante e irrespetuosa, decidí, después de rota nuestra amistad y darle muchas vueltas al asunto, que no podía sufrirlo, y lo reté para cuando saliéramos de Cuba, lo que parecía estar cercano. Argentina, pensé, era el lugar ideal para la problemática tarea de obsequiar a mi ex-amigo con un ombligo supernumerario. Gustavo Arcos es cojo, pero no manco. Aún así, como la diosa Razón estaba de mi parte, esperaba ser el sobreviviente, y esperaba también la benevolencia de quienes me juzgaran, una benevolencia nacida del recóndito respeto que parecen sentir los argentinos por aquellos que dirimen sus querellas de manera violenta. Fidel, con sus caprichos y sus despóticos reglamentos migratorios, impidió la comprobación de mis teorías. Hasta los malos pueden hacer el bien, sólo que siempre lo hacen sin querer.

Lo importante es que pensé en Argentina, no en México ni en Colombia ni en Perú, como escenario para el desahogo de mi muy justa ira. A pesar de la notoria violencia que han padecido esos y otros países iberoamericanos, en ninguno se le rinde un culto tan entrañable, aunque solapado, a la muerte de unos hombres por otros. El *western* ha difundido por todo el mundo la imagen del duelista, pero a nadie se le ocurriría hoy pensar en Texas o en Wyoming como escenario de un duelo. Ni siquiera a mí.

En el micromundo que produjo el compadrito, nació también un regalo para el espíritu de los hombres: el tango. El más universal de los cantares hispanoamericanos, el de más altos logros musicales y poéticos, el tango resulta, además, indispensable para intentar comprender a ese extraño país del sur. La excelencia lograda por sus compositores, ejecutantes, cantantes y letristas no enmascaran, sino que resaltan el mundo dramático de donde surgieron.

El río Salado, cuyas aguas probaron con disgusto los recién llegados, podría servir como modelo a escala de la Argentina: amargo. Me gustaría poder explicar por qué. Lo cierto es que el tango reboza de amargura. Enrique Santos Discépolo es el hombre más amargado entre todos los que alguna vez han compuesto música de calidad.

Quizás su vida fue triste, pero es que el sonriente y triunfador Gardel, con su deslumbrante sonrisa, fue capaz de participar en la composición de *Volvió una noche*, esa pieza bella y a veces insoportable en su tristeza, ese himno a la desesperanza.

De Carlos Gardel hay que hablar si se habla del tango. O de la Argentina. O de los argentinos en Cuba; y ese, precisamente, es el tema de éste libro o de buena parte de él: un argentino en Cuba. Si la grandeza se mide por la permanencia en el recuerdo de la gente que nunca nos conoció, Gardel ha sido el más grande de los cantores. «Carlitos cada vez canta mejor»: esa frase me impresiona de manera particular, pues éste hombre murió un año antes de mi nacimiento y yo soy ya un viejo. Eso es cantar.

Más que en su bella voz y en su musicalidad, el secreto de su vigencia está en lo que esa voz trasmite: una singular mezcla de ternura y virilidad. Esa voz expresa lo que muchos hombres quisieran ser... y lo que todas las mujeres quisieran encontrar.

Nunca vino a Cuba. Venía, pero murió antes. Pero su voz nos llegó, y sus películas, a las que sólo salva la presencia del cantor. Fue suficiente para convertirlo en un personaje familiar y querido en nuestro país.

Pero volvamos al suyo. Cuando la Corona Española se puso a la tarea de reconquistar sus posesiones americanas, dedicó sus mayores esfuerzos a Nueva Granada, México y Perú, con énfasis en el primero de esos virreinatos por su situación estratégica y ser uno de los focos de la rebelión. España como que se desentendió del Río de la Plata, el otro foco insurgente: los cueros y las salazones no podían recibir igual atención que los metales preciosos.

Los rioplatenses sí que se tomaron en serio a si mismos. Cuatro años antes de iniciarse la barahúnda independentista habían derrotado una invasión inglesa, y eso no era poca cosa en aquel entonces...ni en este ahora. La victoria parece haber reforzado su autoestima, pues apenas una década después, en 1816, el Congreso de Tucumán declaró la independencia de toda la América del Sur. Era el estreno de una vocación de liderato.

Y no eran sólo palabras. Mientras el Congreso sesionaba en Tucumán, a 600 Km al sur, en Mendoza, un general hecho en Europa preparaba un ejército para invadir-liberar a Chile. No tenía prisa José de San Martín. Ninguna prisa. Estuvo dos años en Mendoza, al pie de la cordillera, viendo crecer a su bélica criatura. En 1817 cruzó los Andes con sus andinos y en pocos meses destruyó el poder español en Chile.

Poco después Bolívar también cruzaba los Andes, pero sin mayores preparativos, partiendo de un punto situado a varios cientos de kilómetros de las altas montañas, atravesando los llanos del Orinoco empantanados por las crecidas, con una tropa formada por llaneros en los que hacía estragos el soroche. El resultado fue el mismo, aunque los hombres de San Martín seguramente la pasaron mejor. Los de a pie siempre la pasan mejor bajo el mando de un profesional meticuloso que cuando los manda un improvisador genial. La genialidad no cura el soroche ni la mordida de un caimán.

Los dos libertadores se encontraron en Guayaquil en 1822 y ese fue el fin de la carrera del general rioplatense. San Martín dijo basta, echó a andar y su marcha no se detuvo hasta llegar a Boulogne-sur-Mer, en la costa francesa del Paso de Calais. Eso queda muy lejos.

Hay veces que un hombre está demasiado harto de demasiadas cosas para seguir haciendo lo que ha hecho hasta ese momento. No sé de qué estaba harto José de San Martín, pero es evidente que estaba muy, muy harto. Tanto, seguramente (o quizás más) de lo que estoy yo ahora; y eso, créanme, no es poca cosa.

Europa nos devolvió dos oficiales criollos que habían hecho en sus guerras el aprendizaje de las armas. A diferencia de San Martín, Francisco de Miranda fue un fracaso total. Era, con seguridad, menos talentoso; pero lo fundamental eran los años que llevaba encima. Es muy difícil para un hombre viejo iniciar una nueva actividad, incluso continuar la actividad de toda su vida en condiciones y ámbitos radicalmente distintos. El cambio es la muerte para hombres como Miranda. O como Fidel Castro.

La retirada del aún joven general San Martín fue, a mediano y largo plazo, una catástrofe para su joven patria: le despejó el camino a quien sería uno de los más feroces y absolutistas dictadores que haya padecido país alguno en nuestro mundo occidental.

Juan Manuel de Rosas no participó en las campañas independentistas o, si lo hizo, sus hechos fueron tan limitados que localizarlos me obligaría a una acuciosa investigación, y no estoy para eso. No tomó parte en las guerras, pero sí en los bochinches de que hablaba Bolívar. En ellos fue ganando renombre hasta alcanzar la gobernación de Buenos Aires.

El joven gobernador se fue entonces a guerrear, pues nunca es tarde si la guerra es buena, ¿y cuál podría ser mejor que una contra los desmelenados indios pampas?

Mejor, en todo caso, que luchar contra españoles o criollos realistas. Rosas lanzo la Primera Campaña del Desierto, hizo retroceder a los indios un poco más allá, ganó prestigio entre el gauchaje, sometió al principal de los bochincheros y se retiró. Se retiró a esperar: Rosas no era San Martín ni estaba harto de nada.

En 1835 se acabaron los bochinches, al menos los exitosos, y comenzó algo peor; una dictadura que no fue calificada de totalitaria porque faltaba más de un siglo para que Churchill inventase el término. Si es que fue Churchill el que lo inventó.

¿Cuántas dictaduras ha habido en América? Incontables, diría yo... si tuviera la vocación de infinitud y la falta de respeto por los números que exhiben muchos de mis paisanos. No son, por supuesto, incontables, pero si muchas, muchísimas. De ellas, hay tres cuya singularidad las sitúa en una categoría especial, donde lo puramente autoritario es rebasado; donde el control sobre vidas y haciendas carece de límites. Eso que ahora se llama totalitarismo y que sólo los nazis y comunistas han alcanzado, tuvo sus precursores, más bien sus pioneros, en Juan Manuel de Rosas y Gaspar Rodríguez Francia, y su continuador en Fidel Castro.

¿Los monarcas absolutos? No. Son otra cosa. Felipe II de España, Enrique VIII de Inglaterra, Pedro I de Rusia, Luis XIV de Francia, el tan llevado y traído Rey Sol, eran gobernantes legítimos de acuerdo a las leyes y costumbres vigentes; no necesitaban ni esperaban constantes demostraciones de un acatamiento que daban por sentado. Además, había límites éticos en su conducta. El tirano, gobernante ilegítimo por definición, no se conforma con el súbdito sumiso: necesita seguidores entusiastas. No basta con aceptar someramente; hay que aplaudir con entusiasmo, mejor aún, con fervor. Hay que demostrar todos los días, a todas horas, el apoyo sin reservas a la Santa Causa, sea ésta la Federación, el *Reich* Milenario o el Socialismo (de nuevo en un sólo país. ¡Y qué país!).

Antes, cuando en un libro o en una película, me encontraba con el fantasma de Rosas, nunca dejaba de sorprenderme lo familiar que era para mí. Ya no. Después de muchos encuentros se hizo evidente el por qué: es el lejano ancestro de Fidel, su antecesor, el que hizo lo que él hubiera hecho, el que haría lo que él hace.

El mismo odio, la misma intemperancia verbal, la misma canallesca inclinación al insulto: «puercos, salvajes, asquerosos unitarios» entonces; «gusanos, escoria, cucarachas» ahora.

Los intereses personales de Rosas fueron socializados y convertidos en causa nacional: la Santa Federación. El Socialismo de Fidel no es santo, pero sí sagrado; en fin, que anda por las cercanías.

Para convencer a sus opositores de cuan abismal era su error, Rosas lanzaba contra ellos a unos matones mas o menos gauchescos, agrupados en una asociación dizque agraria que tenía como símbolo una mazorca de maíz. «La Mazorca» fue el nombre con que pasaron a la historia. ¿Cómo les llamaremos a sus equivalentes cubanos, a la gentuza que se agrupa en las Brigadas de Respuesta Rápida, a la morralla masculina y femenina que participa en esos aquelarres llamados «actos de repudio»? Esteban Echevarría caracterizó para siempre a los mazorqueros: quizás yo me ocupe de los de aquí... si no tengo otra cosa mejor que hacer.

Rosas, como Fidel, era antimperialista. Nada como el conflicto con un enemigo extranjero para ocultar la índole perversa de un gobernante, sobre todo en países como los nuestros, que han convertido en virtud el culpar a los de afuera de los males de adentro y en arte la búsqueda de pajas en ojos ajenos.

Lo que más me impresiona en el régimen rosista, lo que nunca deja de impresionarme es «la divisa roja de los buenos unitarios». la cinta punzó que todos debían llevar en lugar bien visible como demostración inequívoca de apoyo al régimen. Toda una nación portando una marca, ni más ni menos que un rebaño de vacunos. Fidel no pide tanto... hasta ahora. En el mundo de hoy a los tiranos totalitarios les basta con el comportamiento arrebañado.

¿Es tan importante Rosas? Me lo pregunto porque hace un buen rato que estoy escribiendo sobre él. Pues sí; lo es. Este espeluznante dictador, cuyos hombres cortaban cabezas y las lanzaban luego a los familiares del muerto es, en esencia, la misma clase de desgracia hecha persona que padecemos los cubanos hace casi 33 años; el hombre sin límites. El monstruo. Ese hombre dejó una importante huella en su país, y de ese país salió uno de los padres fundadores del totalitarismo cubano.

«Flor de...» esto o de aquello. Es una frase argentina, que expresa admiración o menosprecio, según el caso. Lo mucho que me gusta la frasesita, el apellido floral del tirano del que les he hablado y la mala voluntad que me inspira hacen inevitable esta definición para terminar con el Ilustre Restaurador Juan Manuel de Rosas: flor de hijo de puta.

Gaspar Rodríguez Francia, el otro abuelo espiritual de Fidel Castro, conservó el poder hasta la muerte. Murió de vejez, en su cama, en olor de tiranía. Rosas no. Federación o Muerte, gritó e hizo gritar durante años a sus seguidores. Pero cuando la Federación se fue al infierno tras la batalla de Caseros y del binomio solo quedó la Muerte, el déspota decidió que ya eran suficientes los difuntos, juzgó innecesario sumarse a la lista y, con su característica impasibilidad gaucha, huyó a Europa.

El enorme y remoto país inició entonces lo que parecía ser la marcha hacia una previsible grandeza. Por supuesto, no faltaron los tropezones y caídas; gobiernos como el de Rosas, como el de Fidel Castro, no se padecen sin luego sufrir prolongadas secuelas. A menos de una década de Caseros, se arma de nuevo la gresca: Justo José de Urquiza, gobernador de Corrientes bajo el régimen de la Santa Federacion, y Bartolomé Mitre, gusano, o sea salvaje unitario, aliados en la batalla que puso fin a la santidad, se enfrentan en Pavón. Gana Mitre. Con este híbrido no frecuentemente estéril de militar y escritor se acentúa el rechazo a la barbarie rosista.

Luego vendrán el célebre Sarmiento y Avellaneda y vámonos otra vez al desierto a luchar contra los indios pampas y Julio Argentino Roca y así hasta el 90.

Julio Argentino Roca. ¿Por qué será que éstos extraños aborígenes australes usan siempre (o casi siempre) dos nombres? No se trata de que los bauticen o los inscriban en el Registro Civil con dos nombres o más. Mi padre se llamaba Ernesto Ramiro Ramón Agustín y mi sobrino, Carlos Ernesto José Gudberto; pero mi padre era Ernesto y mi sobrino es Carlos.

Los argentinos, por lo general, usan sus dos nombres. En cambio, y también por lo general, sólo utilizan un apellido, por supuesto el paterno. Una lista de argentinos con dos nombres sería aburrida por lo extensa; en cambio, una relación de los que usan (o usaron) el apellido de sus señoras madres es fácilmente soportable: los presidentes González Balcarce (mas conocido por Balcarce), Juárez Celman y Sáenz Peña, y los escritores Martínez Estrada, Bioy Casares y Mujica Laynez. ¿Machismo? ¿Manía europeizante? A ustedes, mis lectores, les dedico una de mis frases favoritas: no sé.

Julio Argentino Roca. En ningún otro país, que yo sepa, se utiliza el gentilicio nacional como nombre propio. Conozco a miles de cubanos, pero ninguno de ellos se llama Juan Cubano.

¿Qué importancia tiene esto? Otra vez no sé, pero estoy seguro de que todo lo peculiar es importante, si de naciones hablamos. Además, desde el principio les advertí que sólo somos exploradores. En una situación difícil, nada mejor que estar bien acompañado.

Hablemos del presidente Juárez Celman. Es importante; no por presidente, que de presidentes está el mundo lleno, ni por sus dos apellidos, sino porque bajo su mandato renació la violencia, la terrible violencia argentina, que culminó en su derrocamiento y en lo que allá conocen como la Decena Trágica.

Buen Nombre: trágico es, en efecto, ser manco y morir por no poder cumplir del todo la orden de «manos arriba». Cuando los argentinos dicen a matar se toman el asunto muy en serio. La sombra de Rosas.

La violencia se replegó de nuevo y el país, lo que parecía destinado a ser un gran país, continuó su marcha hacia un destino teóricamente brillante. Ya no estaba tan vacío: cientos de miles de europeos habían venido para quedarse. Ya no era tan salvaje: el gaucho se extinguía y también el negro; Martín Fierro y el pobre tipo al que provocara con alusiones vacunas y luego matara le dejaban el campo a otros contendientes. ¿Y los indios? Arrinconados en las zonas marginales, en una especie de limbo: están y no están.

Argentina se desarrolla y moderniza aceleradamente, y en los primeros decenios del presente siglo es ya la cabeza del mundo hispánico. Hay estabilidad, mucha estabilidad si se toma en cuenta la carga de violencia que arrastra el país.

En la mayoría de los seres humanos existe un impulso, natural o adquirido, a ejercer la violencia o, en el mejor de los casos, a admirar a quienes la ejercen. Esto vale tanto para los suizos como para los argentinos. Por otra parte, los países que marchan hoy a la cabeza de la Humanidad, los que remolcan al mundo moderno (Estados Unidos, Japón, Alemania) tienen unos antecedentes y una idiosincrasia no precisamente pacifista. Pero este mundo de hoy, el que ellos encabezan, rechaza a los violentos; es demasiado complejo para coexistir con la inestabilidad que la violencia sistemática genera. Una sociedad moderna de hoy puede asimilar cierto volumen de violencia, volumen que será mayor o menor de acuerdo a su fuerza y coherencia interna. Rebasada esa frontera incorpórea no hay modernidad posible. Se puede admitir la admiración por los violentos siempre que no pase de ciertos límites. Mas allá, el caos y su hermana la tiranía siempre están a la vuelta de la esquina rosada.

Tardaron varias décadas en mostrarse de cuerpo entero, aunque a menudo asomaban la cabeza. Mientras, el país era cada vez mejor. La educación, la salubridad, la alimentación y, tras ellas, la cultura y el deporte, iban en constante ascenso. Cuando la mayoría sabe escribir, aumenta el número de los que intentan comunicarse con el prójimo a través de la literatura. A más salubridad y mejor alimentación, más y mejores deportistas.

Las dictaduras comunistas comprendían mejor que nadie esto último y generarían un poderoso movimiento deportivo como máscara de sus miserias. Pero en la Argentina de las primeras décadas del siglo el deporte no era una máscara, sino un reflejo fiel de la pujanza social, y una fuente de orgullo y prestigio. Los atletas argentinos ganaban medallas olímpicas, algo que solamente había logrado antes el esgrimista cubano Ramón Fonts en la América Hispana. Los futbolistas argentinos cimentaban un estilo, una calidad que resultaría, con el tiempo, uno de los pocos logros duraderos del país. El argentino Luis Angel Firpo, después de ser derribado siete veces en el primer *round*, sacaba del *ring* a Jack Dempsey con el golpe más famoso en la historia del boxeo.

Esta pelea se me antoja llena de simbolismos. Con su proteica fortaleza y su incapacidad para completar lo comenzado, Firpo se asemejaba a su propio país. Ignoro si sus *seconds* eran argentinos, pero al no tomar en cuenta las distintas posibilidades se comportaron como si lo fueran. Mientras celebraban la todavía no consumada victoria, en una actitud frenéticamente optimista, Dempsey volvía al *ring* con la ayuda —ilegal— de los periodistas sobre cuyas maquinas de escribir había aterrizado. Por supuesto que eso no tenía importancia. Ningún hombre podría reponerse de un golpe como aquel; ya era bastante que estuviese vivo. Firpo lo remataría.

No lo remató; y en el *round* siguiente Dempsey acabo con él. Si Luis Angel Firpo se parece a su país, Dempsey se parece al capitalismo. ¿Te acordás, hermano? ¡Que tiempos aquellos! Aquellos de la década de los '60 cuando Nikita Jrúschov, al aire su férrea dentadura, anunciaba la próxima y final victoria; aquellos de los '70 cuando el ejército norteamericano se empantanaba en Vietnam y Jane Fonda cantaba las glorias del tío Ho. ¿Te acordás de los *marines* abandonando en fuga la embajada en Saigón? Maravillosos años '70, cuando un país tras otro (aunque siempre del Tercer Mundo) se sumaba al desfile victorioso del marxismo-leninismo, cuando la Rueda de la Historia giraba en sentido debido, cuando las tropas cubanas, cual modernos almogárabes, campeaban en Africa; en suma: cuando el futuro pertenecía por entero al socialismo.

¿Cómo es posible que un boxeador asimile, sin perder el conocimiento, un golpe que lo levanta a un metro de altura y lo envía a dos metros de distancia, y que, después de recibir esa patada de jirafa, vuelva al *ring* para ganar su pelea? Jack Dempsey era un *Campeón* con mayúscula y cursiva.

La milagrosa recuperación del llamado *Manassa Killer* ocurrió hace 71 años. Es historia. La del capitalismo ocurre hoy, ahora. Otros hablarán de ella. Sólo quiero decir que esa formación social, tan atacada por gente virtuosa, ha demostrado ser la mejor de todas las creadas por el hombre. No es de extrañar que en nuestros días el mundo ande con la economía de mercado como muchacho con muchacha.

El auge del deporte no era más que un efecto, no por resonante menos secundario, del auge económico que vivía el país y éste, a su vez, una consecuencia de la estabilidad. Existía un orden social. Los presidentes elegidos, que no designados, se sucedían unos a otros más o menos sosegadamente. Más o menos: en 36 años, de 1865 a 1901, tres presidentes fueron asesinados en los Estados Unidos y hubo algunos disturbios realmente serios, pero el orden social se mantenía. También en la Argentina.

Un nuevo partido, la Unión Cívica Radical, protagonista de los acontecimientos que culminaron en la Decena Trágica, aumentó su caudal político hasta ganar las elecciones. Hipólito Irigoyen ocupó la presidencia de 1916 a 1922; fue un buen gobernante, por lo que no es de extrañar que fuera reelegido en 1928.

El 14 de julio de 1928, bajo el segundo gobierno de Irigoyen, ocurrió un hecho trascendental y paradójico: una dama de cierto abolengo y algunos caudales llamada Celia de la Serna, casada con Ernesto Guevara Lynch, caballero dedicado al negocio de las construcciones navales, dio a luz un varón.

Este hecho, por demás natural, es paradójico porque el niño estaba destinado a ser uno de los más famosos nativos de un país al que no le han faltado celebridades; sin embargo, el pequeño argentino, nacido para permanecer en el recuerdo, no tendría importancia alguna en la historia de su patria. Pocos notaron su presencia mientras estuvo allí, salvo sus familiares y amigos, y, seguramente, unas cuantas muchachas.

La segunda presidencia de Irigoyen sí fue trascendental para la Argentina, pues marca el inicio de la entromisión sistemática del ejército en la vida política. En 1930, el general José Félix Uriburu encabeza un golpe de estado que derroca al presidente. Se inicia el primer ciclo de una etapa de casi seis décadas en la que una y otra vez se repetirá el esquema golpe militar-gobierno de tal o cual general-elecciones y nuevo gobierno civil-golpe militar. En una reiterada exhibición de incompetencia, los militares argentinos destruyeron la solida economía de su país. Tan poco respetuosos de la vida ajena como Augusto Pinochet, eran el polo opuesto del general chileno en cuanto a eficacia administrativa. Nadie segó mas vidas que ellos en América (lo que es mucho decir) y sólo Fidel Castro arruinó más haciendas.

Es de señalar que de toda la cáfila de generales que han pasado por la Casa Rosada en los últimos 60 años sólo uno, del que ya hablaremos, la ocupó por un período más o menos prolongado. Una de las diferencias fundamentales entre los gobernantes autoritarios y los totalitarios es que a los primeros los afecta de manera notable el fracaso económico, impulsándolos a buscar soluciones electorales.

De Uriburu al trío que formaron Jorge Rafael Videla, Roberto Viola y Leopoldo Fortunato Galtieri, quienes se sucedieron amigablemente en la presidencia, los militares argentinos fueron ganando en ferocidad e ineficiencia hasta culminar en un ras de sangre que hizo desaparecer a unas 30 mil personas en menos de diez años, a lo que se sumaron un rosario de disparates que arruinaron todo lo arruinable y una guerra ignominiosamente perdida.

¿Que quedó en pie después de terminada la era militar? El fútbol, con dos Copas del Mundo: Kempes, Pasarella, Luque (otro Luque), Fillol, Burruchaga... ¡Maradona! La narrativa, sin un sólo Premio Nobel, pero con la más alta calidad lograda en la segunda mitad del siglo: Cortázar, Sábato, Mujica Laynez, Marechal, Bioy Casares... ¡Borges!

Borges y Maradona consuelan. También Astor Piazzola y algo de cine. Pero este país ya no es aquel. La violencia lo hizo polvo. Rosas resucitó una vez más y se instaló entre ellos, y ya son tantas las veces que resucita que me pregunto si estará de veras muerto.

Un extraño interludio rompe la monotonía y casi que rompe el círculo vicioso de los militares y sus golpes. En 1943 el general Edelmiro Farell asume la presidencia tras el consabido cuartelazo. Uno de sus hombres de confianza es el coronel Juan Domingo Perón, a quien nombra Ministro del Trabajo, lo cual dará origen a una peculiar criatura: el militar populista.

Desde su despacho ministerial, el coronel Perón hace un descubrimiento que cambiará su vida: servir a los pobres puede ponernos a cubierto de la pobreza; representar a los proletarios es un camino seguro para llegar a ser propietario. Perón asume la defensa de la clase obrera argentina. Sus colegas, extrañados, lo miran sin comprender, pero él va a lo suyo. Los obreros, Dios los asista, lo consideran ya como el campeón de los desposeídos, su popularidad se acrecienta, su nombre se repite aquí y allá. También crece el número y la peligrosidad de sus enemigos: los barones de la industria y el comercio, y los señores de la tierra piden a Farrell su destitución; mejor aún: su encarcelamiento. Con gran pesar de su alma, el general destituye al coronel y lo confina a Martín García, una isla en la desembocadura del Paraná. Pero este maduro coronel sí tiene quien le escriba. Le escribe una muchacha. ¡Y qué muchacha! Se llama Eva Duarte, es actriz, tiene 26 años y muy escaso renombre, y es su amante desde hace cierto tiempo. No mucho.

Eva, Evita, hace algo más que escribir. Va de sindicato en sindicato recordándoles a los obreros lo mucho que le deben a Perón. La joven y hermosa cobradora los convence para que paguen, aunque sea en parte, con una marcha multitudinaria que pida la libertad y el retorno del coronel. También les promete mayores bienandanzas, que prometer nada cuesta. Y allá van los obreros, los «descamisados». como los llama Eva, que es bella y enérgica, pero no muy original; allá van por miles, a pedir el retorno de su inesperado campeón. Durante decenios, bajo un gobierno u otro, de los *milicos* sólo han recibido palos y balas. Pero éste *milico* es distinto, piensan. Y tienen razón; es distinto. Ya sabe todo lo que puede dar el defender a los que nada tienen, a no ser su resentimiento. Sabe también lo útil que puede ser oponerse al extranjero poderoso. Aunque eso no lo averiguo él; lo aprendió de Rosas. Tan distinto es Juan Domingo Perón, que será el único entre todos los caudillos del mundo hispano capaz de ganar elecciones desde la oposición.

Perón sale en triunfo de su confinamiento y en triunfo llega a la Casa Rosada. Al año siguiente la ocupará: ya es Presidente. En el interín se habrá casado con Evita y ascendido a general.

Juan Domingo Perón y Eva Duarte forman la pareja mas excepcional de la historia política de América. Bolívar y Manuela Sáenz, Kennedy y Jacqueline Bouvier, se quedan atrás, no por ellos, sino por ellas, sobre todo la norteamericana. Sólo Rosas (¡otra vez ese maldito!) y Encarnación Ezcurra compiten con posibilidades.

Sorprenden las similitudes entre ambas esposas. Cuando Rosas rehusó continuar como gobernador de Buenos Aires y se retiró a su estancia, *misia* Encarnación quedó en la ciudad, dedicada en cuerpo y alma a moverle el piso a los rivales de su marido. Cuando éste regresó para implantar su larga y sangrienta y casi totalitaria dictadura, ella fue más que una Primera Dama: era el segundo factor del poder.

Las similitudes entre estas dos mujeres convierten a Eva en la reencarnación de Encarnación, algo terriblemente cacofónico pero cierto. Apasionadas por el poder, implacables, intolerantes, dadas al odio, parecen gemelas y lo son en lo que se refiere a las características que definirán su paso por la vida política.

Hay diferencias. El origen del odio que impulsa a Eva es de fácil detección: conoció la pobreza y odia a quienes no la conocieron. Encarnación, en cambio, no es portadora ni reflejo de un resentimiento social evidente. Ella nació rica; podía verse a si misma como protectora de los pobres, no como uno de ellos.

En torno a esta cuestión surge uno de los aspectos más interesantes en la personalidad de Eva Duarte: esta emotiva mujer ama con igual intensidad a los pobres y a la manera de vivir de los ricos, dicotomía que años más tarde se repetirá en Fidel Castro. El lujo la enloquece y a la ostentación que hace de él resulta difícil encontrarle paralelo, aún en la Cuba castrista, tierra de sibaritas representantes del proletariado. Por cierto, los pobres de Eva, sus descamisados, parecen aceptar e incluso aprobar el ostentoso desfile de joyas, vestidos y pieles. En verdad se vieron reflejados en ella, representados por ella y a través de ella disfrutaron también de lo inalcanzable. No parecía importarles, no les importaba el origen del dinero que pagaba tales lujos.

Perón y Eva instauraron en Argentina una nueva forma de Estado, no totalitario como el que existe en Cuba, pero sí, como el de Cuba, patrimonial. La Fundación Eva Perón, nutrida de fondos estatales y donaciones voluntarias que era mejor no dejar de hacer, le sirve a Evita para regalar lo que nunca fue suyo.

El Estado como patrimonio personal. La idea no es mía, por supuesto: la encontré leyendo a Octavio Paz e ignoro si es suya. Pero si Paz ha estudiado este fenómeno, yo lo he vivido y padecido. Como Eva, Fidel también regala lo ajeno. Y cabe preguntarse: ¿es esto una república? ¿Lo era la Argentina de los Perón? *Res publica*, en latín, cosa de todos. *Cosa nostra*, proclaman con sus hechos los Perón y los Castro. Y los Corleone, que también solían regalar una pequeña parte de lo que tomaban por la fuerza o la intimidación. Pero hay diferencias, las diferencias que distinguen a los Estados Unidos de Cuba y Argentina: los Corleone tenían poder, mucho poder, pero no eran *el poder*.

Aparte del Estado patrimonial, otra característica primaria hermana al matrimonio Perón-Duarte con Fidel Castro: el culto a la personalidad. Parece increíble, pero la pareja argentina superó a Fidel en éste campo: «Perón, Perón, ¡qué grande sos!/ Mi general, ¡cuánto valés!» decía el himno peronista. «La vida por Perón!, clamaba Evita ante sus descamisados. Fidel ha sido más discreto, dirían García Márquez o Carlos Andrés Pérez. Yo, que lo desprecio, digo que no contó con una esposa enamorada y a la vez dotada con talento y ambición que dijera lo que él no podía decir de si mismo. Lo de estar o parecer enamorada es importante; si entre los oyentes de Eva había alguien con sentido común, podía utilizar el amor como atenuante para disculpar lo absurdo de sus apologías.

No cabe duda: en Cuba, ni antes ni después de Fidel, ha habido una como ella. Era algo más que talento para la demagogia, ambición y resentimiento social. Su capacidad histriónica no era suficiente para hacer de ella una actriz de calidad, pero sí para superar, en ese nada desdeñable plano, a la mayoría de los políticos. Estaba muy graciosa: esa es la frase que usamos los cubanos cuando queremos elogiar el físico de una mujer y, al mismo tiempo, parecer respetuosos. El origen humilde, que no es *per se* una cualidad, fue para Eva un capital inicial que supo invertir e incrementar. La diferencia de edad con su marido, 24 años, lejos de ser un inconveniente, le proporcionaba al maduro general una imagen de sólida y duradera virilidad.

Además, y esto es fundamental en países como Argentina, Evita era brava, lo cual la convertía en el sostén del vacilante coraje de su esposo, un coraje al que le faltaba estabilidad, que iba y venía. Como Fulgencio Batista, su colega dictador, Juan Domingo Perón era audaz, pero no valiente.

Ella incrementaba sus cualidades y suplía sus carencias. ¿Qué más puede pedírsele a una mujer? «Eres mi mitad». le oí decir una vez a alguien. Eva era la mitad de Perón. Si su vida privada fue tan armoniosa como la pública, y nada indica lo contrario, han de haber sido felices.

No todos lo eran bajo su gobierno. Muy interesados en la política desde la Reforma de Córdoba, incapaces de asimilar la retórica demagógica de la pareja gobernante, los estudiantes se enfrentaban al régimen y éste respondía con una ferocidad apasionada, mas propia de ella que de él: «Haga Patria, mate un estudiante». «Alpargatas sí, libros no». Era como para rebelarse. Pero, como siempre, los rebeldes no eran la mayoría y entre ellos no se contaba un estudiante de Medicina llamado Ernesto Guevara de la Serna, que con el tiempo se convertiría en el apóstol de la lucha armada. ¿Paradójico? Quizás. Quizás no. Lo cierto es que mientras unos querían dar la vida por Perón y otros querían ahorcarlo, el joven Guevara se dedica a menesteres, algunos de ellos no exentos de riesgo, que nada tienen que ver con los amores y odios que trastornaban a sus compatriotas. Una de las épocas más apasionantes en la historia argentina no logra sacarlo de su concha de explorador.

Mientras el joven Ernesto Guevara explora y explora, la joven Eva Duarte, apenas 8 años mayor que él, vive su lustro de gloria, fracasa (fracasan ambos, ella y su general) en el intento de convertirse en Vicepresidenta, contrae el cáncer. A los 32 años, la diosa rubia de los argentinos pobres muere rodeada del lujo que tanto amó.

«*Don't cry for me, Argentina*». cantarán tres décadas más tarde las divas de la ópera-rock interpretes de *Evita*. Después de todo, Eva Duarte terminó por triunfar en los escenarios.

Sin su mitad más sólida, Perón queda al garete. Su vida personal se hace sórdida. En 1955 sus antiguos compañeros de armas salen una vez más de sus cuarteles en son de guerra. Perón tiene pueblo, pero le falta voluntad de lucha, le falta coraje. Le falta Eva. Al morir ella, el general quedará a la vez viudo y huérfano. Huye en 1955. En el exilio y en el regreso, 20 años después, revelará su orfandad al intentar inventarse una sustituta para la insustituible. Lo que no logró con la rutilante Evita, lo logrará con la gris Isabelita: la impondrá como Vicepresidenta. Luego morirá, y la pobre dama no sabrá qué hacer con aquel enorme, desorganizado y díscolo país que le ha tocado presidir sólo porque otra mujer murió de cáncer un cuarto de siglo antes. El caos económico aumenta. Los hijos espirituales de un argentino que nunca participó en la política de su país, que lo abandonó durante el primer gobierno de Perón, inician una feroz lucha armada que tendrá una respuesta más feroz aún. Los hombres de a caballo cargan de nuevo, derrocan a María Estela Martínez, o sea a Isabelita Perón, y ocupan el poder. Durante una década harán de todo, desde perder una guerra hasta desaparecer a miles de personas.

Por la época en que terminó la Segunda Guerra Mundial, la Argentina parecía destinada a convertirse en una versión criolla y gigantesca de Nueva Zelandia. Sólo que los futbolistas neozelandezes no podían ni calzarle los tacos a Alfredo Di Stéfano y ningún escritor de esas lejanas islas se compara a Borges ni neozelandes alguno ha ganado el Premio Nobel de Medicina como Bernardo Houssay. ¿Qué sucedió, pues?

El Presidente elegido en 1922, Marcelo Torcuato de Alvear, entregó la presidencia a Hipólito Irigoyen, elegido ese año de 1928. Ese simple acto de civilidad no volvería a repetirse en Argentina hasta 61 años después, cuando el traspaso de poderes de Raúl Alfonsín a Carlos Ménem, ambos libremente elegidos. Quizás ésta sea una de las claves para entender el desastre.

Argentina ha sido, hasta hoy, un fracaso. No obstante, es el país de la América Hispana que ha estado más cerca de alcanzar una plena modernidad. Sus logros están por encima de los de México, Chile, Colombia o ... Cuba. Además, ya lo dije, es un país blanco. A los norteamericanos, discriminadores por excelencia en los esquemas mentales hispanos, se les dificulta discriminar a una nación cuyo porcentaje de sangre europea es mucho mayor que el de los Estados Unidos. *Why are you so white?* (¿Por qué eres tan blanco?), me dijo un día Bob Zern, de Chicago, inmerso en una malhumorada borrachera. Si las naciones pudieran hablar con una sola voz, que no pueden, eso le diría Estados Unidos a la Argentina. En suma, que los argentinos no son fácilmente discriminables.

Esas razones y otras que se me escapan y otras más que ni siquiera he perseguido por ignorar su existencia, han hecho de esos rioplatenses seres en general arrogantes y originado una impopularidad más general aún entre los demás hispanoamericanos. De Pedro Camacho, el inmortal escribidor boliviano, a los anónimos hacedores de chistes que proliferan de Tijuana a Punta Arenas, la antipatía por los argentinos se ha convertido en tradición o poco menos. Ellos, los argentinos, también hacen sus aportes: «Decime, che, ¿qué es la arrogancia?» pregunta Conigliaro. «La arrogancia es ese argentinito que todos llevamos dentro». contesta Iruretagoyena. Un clásico del género, creo que de origen mexicano: «El mejor negocio del mundo es comprar un argentino en lo que vale y venderlo en lo que él cree valer».

En ésta casi unánime impopularidad hay una sorprendente excepción: Cuba. Los cubanos simpatizamos con los argentinos. ¿Por qué? En realidad, los cubanos somos poco propensos a las antipatías nacionales. Pedro Camacho pudo nacer en cualquier rincón de Iberoamérica... menos en Cuba. Pero si bien es cierto que no albergamos hostilidad contra nadie que hable nuestro idioma, también lo es que los argentinos nos han resultado particularmente simpáticos.

Podría pensarse que entre nosotros abunda esa maravillosa cualidad que es la tolerancia, la cual nos permite ver con agrado a quienes no se nos parecen. He ahí una explicación optimista, auto-halagadora, tranquilizante... y sumamente improbable. Tengo otra de muy distinto cariz: compartimos con los argentinos una característica fundamental de nuestras idiosincrasias nacionales: la megalomanía. Ambas naciones están convencidas de sus altos destinos, a pesar de los abundantes acontecimientos que parecen demostrar lo contrario. Fidel Castro, nuestro megalómano mayor, no le trasmitió su mal a la Nación; es sólo el caso más connotado y evidente de una enfermedad social que ya existía antes que él naciera y que ha sabido encauzar y utilizar en lo único que le interesa: su propio provecho.

«Esta es la tierra más fermosa que ojos humanos vieron». dijo el Almirante, frase que quizás haya sido el punto de partida de nuestras tonterías megalomaníacas. Hermosa es la costa a la que llegó Colón, no así la que contempló Ernesto Guevara de la Serna: fangosa, inhóspita, cerrada por un manglar que parece no tener fin, la costa del Golfo de Guacanayabo no presagia nada bueno para quien desembarque en ella. Sin embargo, allí daría sus primeros pasos hacia la fama el joven Guevara. Pasos en el fango. Venía de un país frustrado, cuya manía de grandeza era mayor aún que la de Cuba, hecho a la violencia y con poco respeto por ese irrepetible regalo que es la vida. Un vivero de revolucionarios.

De revolucionarios trata este libro. De ellos y de su modelo y paradigma, el argentino a quién ya los cubanos que lo conocían llamaban El Che.

CAPÍTULO II
EL PARADIGMA REVOLUCIONARIO

Como tantas especies dañinas, los revolucionarios abundan. ¿Por qué, pues, elevar a Guevara, precisamente a él, a la categoría de modelo paradigmático?

Para contestar esta pregunta debo establecer qué entiendo por revolución, qué significa para mí la palabra revolucionario.

Las definiciones son tan limitantes como el amor, pero más limitante aún es prescindir de ellas...y de él. En uno y otro caso es necesario, al menos, intentar.

Este es mi intento: revolución es un cambio *acelerado* en el sistema de propiedad logrado por medios violentos, que implica cambios concomitantes en la estructura jurídica y lleva al poder político a personas que de otro modo no hubieran alcanzado tal posición. Quizás podría obviarse lo de la celeridad; todo cambio violento es acelerado. Nos quedarán entonces dos factores: la violencia y todo el poder para los advenedizos. ¿Es una revolución la *perestroika*? No. Sus impulsores no son advenedizos sino hombres de la *nomenklatura*; gobernantes, no aspirantes a gobernar. Violencia no ha faltado y quizás haya mucha más, pero no fue la violencia lo que produjo los cambios; éstos produjeron aquella. ¿Y, saltando atrás, la llamada Revolución Americana? Tras una guerra, hombres nuevos llegaron al poder. En realidad no tan nuevos; eran los señores de la tierra, y ocuparon el lugar que les correspondía y se les negaba. Las razones que invalidarían a Washington como paradigma de revolucionario también valen para Bolívar.

¿Eran revolucionarios nuestros independentistas? Partido Revolucionario Cubano llamó Martí a la organización que debía dirigir la toma del poder por medios violentos de unos hombres que no eran ni habían sido señores de la tierra. Pero no se proponían cambios en el sistema de propiedad.

¿Y Ghandi? Menos. Si eres tan alto como para ganarte la vida jugando baloncesto, no puedes ni intentar ser *jockey*. No se puede ser pacifista y revolucionario al mismo tiempo. No toda la violencia produce revoluciones, pero no hay revolución sin violencia.

¿Y los Perón? Advenedizos por antonomasia, hechos violentos determinaron su acceso al poder. ¿Entonces? Les faltó autonomía. Uno de los factores de sustentación del régimen peronista era el ejército y el control que ejerció Perón sobre los militares era precario. Nunca hubiese podido cambiar las formas de propiedad, si tal hubiese sido su intención.

No puedo ni debo ni quiero dejar de hablar de los nuestros, los que eran jóvenes cuando yo lo era, los del Movimiento 26 de julio y el Directorio, los que murieron y los que aún viven y se conservan dignos. Aunque Frank País, José Antonio Echeverría, todos ellos se llamaban a si mismos revolucionarios, en realidad, luchaban por recuperar la perdida democracia y propiciar, con su recuperación, la posibilidad de mejorarla. No buscaban nada nuevo, sino recobrar y perfeccionar lo ya conocido. Fidel Castro decía buscar lo mismo, pero mentía; ellos, Frank, José Antonio y los otros decían la verdad. Por otra parte, la violencia les había sido impuesta, no era parte de su naturaleza, y esto es algo fundamental, definitorio: el revolucionario es un ser violento por definición; cuando no ejerce la violencia es porque carece de valor para enfrentar la violencia ajena; cuando la abandona y la sustituye por el diálogo y la negociación, no es, en realidad, un revolucionario. El revolucionario elige la violencia, nunca es llevado a ella por las circunstancias y jamás la abandona de manera definitiva.

Advenedizos que toman el poder político por medio de la violencia y cambian las formas de propiedad: eso es revolución. Más fácil resulta definir al revolucionario: es alguien disgustado con el lugar que ocupa en la sociedad. Ese lugar no se refiere necesariamente a lo económico. Fidel Castro no era precisamente pobre y hubiese heredado un buen capital al morir su anciano padre; pero no era el dinero su objetivo fundamental; hombre de gustos caros, algunos de ellos propios sólo de millonarios, lo que ha impulsado y orientado su vida no es el dinero, sino el poder absoluto sobre sus semejantes; si es que hay alguien que él considere un semejante.

Una de las características que más me interesa en la idiosincracia de estos personajes es lo que podría llamarse su narcicismo espiritual. Los revolucionarios no luchan para si mismos sino para los demás; no les importa el poder a no ser como medio de paliar la miseria del pueblo. Entre las muchas virtudes que, según ellos, los adornan, brilla como un diamante el desinterés. Sus miras son tan altas y altruistas que, también según ellos, justifican la intolerancia y la ferocidad que despliegan contra todo el que se les oponga.

Quiero hablar de los revolucionarios. Quiero hablar de ellos y de sus revoluciones, pero sobre todo de ellos. La mayor dificultad que enfrento es que los sentimientos que me inspiran oscilan entre el odio y el desprecio. Por eso debo ser muy cuidadoso al elegir el modelo; debe ser el menos vulnerable, el más elogiado, el de virtudes más evidentes y defectos (hasta los revolucionarios los tienen) más perdonables.

Ernesto Guevara es ese modelo, ese paradigma. ¿Por qué él y no otro? Trataré de convencerlos de que estoy en lo cierto.

Empecemos con Cromwell. No sirve, y les adelanto que ninguno de los otros servirá. Está demasiado alejado en el tiempo, y fuera de su país sólo lo recuerdan los irlandeses y no precisamente con cariño.

¿Marat, Danton, Robespierre? También están lejos, 200 años son demasiados y demasiadas también las muertes que provocaron en un tiempo muy corto. Son figuras sangrientas y la imaginación popular los relaciona con la guillotina, no el peor pero si el más siniestro artefacto que haya inventado el hombre para matar al prójimo en nombre del Estado.

¿Y Toussaint L'Ouverture? ¿Por qué no Toussaint? Aquello que él encabezó sí que fue una revolución. Lamentablemente, ella produjo el mas desastrado y desastroso país de América; no para los haitianos: nada peor que ser esclavos. Además, Toussaint está tan lejano en el tiempo como Marat, Danton y Robespierre; sin embargo, no lo estaba cuando los revolucionarios decimonónicos buscaron un símbolo, un modelo de esclavo cabeza de rebelión, y escogieron al remoto, borroso y derrotado Espartaco. ¿Por qué no eligieron a Toussaint, un hombre realmente magnífico? Es posible que a los propugnadores de la violencia les viniera mejor un gladiador que un cochero, pero no puedo dejar de pensar que el cochero fue desestimado porque era negro, y porque muchos blancos europeos abandonaron este valle de lágrimas a causa de él.

Examinemos ahora a los padres fundadores del Socialismo Científico. Ahí está Karl Marx, cuya mente poderosa ha alumbrado el camino de los trabajadores del mundo entero durante siglo y medio. Lamentablemente, no puede ser. Este hombre, que proponía la violencia como panacea universal, carecía de capacidad de riesgo. Agresivo y furibundo cuando se enfrentaba a las hojas de papel armado de una pluma, se mantuvo sin embargo a prudente distancia de todos los estallidos revolucionarios de su época. Al Prometeo de Tréveris no le gustaba acercarse al fuego.

Si no puede ser Marx, tampoco Engels, aunque éste disparó sus buenos cañonazos en 1848. Pero siempre fue y siempre se vio a si mismo como un seguidor. El paradigma debe ser un jefe.

Nada que hacer con el siglo XIX. Vayamos al nuestro en el que, para empezar, tenemos la pintoresca, cinematográfica y musical Revolución Mexicana. Dos nombres, sólo dos: Emiliano Zapata y Francisco Villa, un labrador de minifundio y un peón de hacienda devenido en cuatrero. Con Toussaint, Stalin y Ho Chi-Minh, son las únicas celebridades revolucionarias salidas de entre los desposeídos; al carnicero Legendre y al cervecero Santerre (o al revés; siempre los confundo) casi nadie los recuerda ya.

Una muy conocida foto de ambos jefes ilustra su descalificación como modelos paradigmáticos. Villa está sentado en la silla presidencial con Zapata a su derecha y un grupo de oficiales los rodea. Los ojos pequeños y reidores de Pancho Villa reflejan inteligencia; imposible descifrar lo que reflejan los grandes y sombríos ojos de Zapata, mas su aspecto no es en modo alguno desagradable. Pero son bárbaros. Todo el grupo irradia una impresión de barbarie, reforzada al máximo por Tomás Urbina y Rodolfo Fierros, dueño este último del rostro más cruel que yo pueda recordar. No hay lugar para hombres como éstos en la mente y el corazón de nuestra época.

Y llegamos a la Gran Revolución Socialista de Octubre. Lenin y Trostky; luego Stalin. El Estado que los dos primeros fundaron y el tercero consolidó se ha derrumbado desde dentro, y nada ilustra mejor su intrínseca debilidad. Ahora está claro para todos (hasta para Fidel Castro) que fueron el poderoso sentimiento nacional ruso, la inmensidad territorial y la insania de librar una guerra en dos frentes los factores que provocaron la derrota nazi, no la fortaleza de la sociedad socialista. No obstante, el Estado Soviético, cuya desaparición oficial esta señalada precisamente para el día de mañana, ha sido sin dudas la más grande y ambiciosa empresa revolucionaria de todos los tiempos, y aquellos que en ella se distinguieron tienen sitio seguro en la memoria de los hombres. A Lenin, Trotsky y Stalin no se les recordará con amor, pero se les recordará. Siempre que se hable de revolucionarios se hablara de ellos, y de revolucionarios se trata este libro.

Lenin, el Padre Fundador del Estado Soviético; el autor más editado (aunque no, por supuesto, el más leído) de nuestro siglo, un siglo de grandes ediciones; también el más traducido (de uno y otro *record* se encargó el aparato estatal que él fundara); el cadáver más visitado y contemplado de la historia. Este impresionante palmarés no fue suficiente para convertirlo en eso que yo trato de determinar: el revolucionario por antonomasia, el modelo indiscutido de los que quieren cambiar el mundo.

Difícil me resulta explicar por qué. Cierto es que el Estado fundado por él fue desde su nacimiento una máquina de exterminio; que la *Cheka*, brazo y símbolo de la más intolerante represión, y los campos de trabajo, con el frío polar como torturador, se instauraron bajo su gobierno; que aceptó la ayuda de un país en guerra con el suyo para regresar del exilio; que era la cabeza de la sociedad asfixiante descrita por Pasternak en *Dr. Jivago*; que, con la simple adición de un par de cuernos, su rostro era la vera efigie de Lucifer, al menos de la imagen mas difundida de ese poco apreciado personaje. Sin embargo, todo esto no es suficiente para explicar por qué no llegó a ser aquello en que trataron de convertirlo sus herederos. Hubo logros, si así se les puede llamar. Muchos hombres y mujeres murieron y mataron siguiendo sus ideas. Julio Antonio Mella lo llevaba en su mente y en su corazón mientras nadaba en la bahía de Cárdenas rumbo a un barco soviético al que no se le había permitido atracar. Por él y para él una muchacha rusa destrozó de un disparo la cabeza del hombre que amaba. Pero ese fervor no duró; se convirtió con el tiempo en algo artificial, inducido, carente de espontaneidad. Hay rincones del espíritu humano a donde no llega la propaganda. Por suerte, nadie sabe, nadie supo donde están.

¿Y Trotsky? No me gusta Trotsky. Sus ideas sobre lo que debe ser el gobierno eran tan despiadadas como las de Stalin, sólo que no tuvo oportunidad de aplicarlas. Su desprecio por la moral judeo-cristiana iba mucho más allá de las palabras; tan lejos iba que intentó materializarlo en la frágil anatomía de Frida Kahlo, esposa de su correligionario y amigo Diego Rivera. No, no me gusta esta versión ucraniana de León de Judá, pero a muchos sé que les ha gustado, entre ellos Ernesto Guevara. ¿Muchos dije? Puede ser. En todo caso, no los suficientes.

«Stalin, capitán, a quien Changó proteja y a quien resguarde Ochún». cantaba Nicolás Guillén, un buen poeta, hace muchos, muchísimos años. Mejor poeta aún era Pablo Neruda, que también cantó a la gloria eterna del *bátuchka* que moraba en el Kremlin, y los que no cantaban se hacían de la vista gorda ante las historias de crueldad y barbarie que difundía la prensa reaccionaria. Todo era mentira o, en el mejor de los casos, maligna exageración. Stalin era, en verdad, el padrecito de los hombre oprimidos que despertaban. Pero siempre hay alguien que se haga cargo de la verdad y no importa quien sea. La verdad es lo que cuenta.

«Ya encontrarán un hijo de perra que lo haga». contestó Steve McQueen cuando le preguntaron quién volaría los tanques de agua situados en lo alto de un gigantesco edificio afectado por un incendio devastador. Tenía razón. Cuando llega el momento en que lo necesario se hace posible, siempre aparece quien haga el trabajo, por muy riesgoso que éste sea o parezca ser. En este caso fue Nikita Jrúschov, fiel servidor de Stalin durante tres décadas, precisamente tres décadas, años más o menos. Jrúschov (o Nikita, como le llamábamos los cubanos en los primeros tiempos de la era fidelista) inició la demolición del mito de Stalin, quien, como todos los muertos, estaba ya indefenso. Los ucranianos son gente de mucho cuidado.

«¡Stalin ganó la guerra!», dijo, plena de inesperado fervor, una muchacha también ucraniana, nacida el mismo año en que tuvo lugar el XX Congreso del Partido Comunista de la Unión Soviética. Treinta años después aún no estaba concluida la tarea iniciada por Jrúschov. «¡Stalin casi la pierde!», contesté yo. Verdad de Dios. Walter Schellemberg, el *Wunderkind* de la inteligencia alemana, hizo llegar al Kremlin «pruebas fehacientes» de una conspiración en la cúpula militar soviética. Y allá va Stalin, como siempre, guadaña en mano. Cuando terminó la degollina, la URSS había perdido lo mejor de su oficialidad. Encabezaba la lista de las víctimas el brillante mariscal Tujachevsky, todo un innovador. Pocos, muy pocos años después, el general Guderian, que compartía con Tujachevski el entusiasmo por las ideas de un oscuro coronel francés llamado Charles de Gaulle, las puso en práctica, irrumpió en territorio soviético y cortó al Ejército Rojo como si fuera mantequilla. Lo propio hizo Von Manstein, cuyas tropas avanzaron 300 kilómetros en 4 días. Trescientos kilómetros; o sea 75 kilómetros diarios, tres kilómetros por hora. ¿Es eso una ofensiva? Mas bien parece un desfile, una parada.

Richard Sorge, superespía al servicio de la Unión Soviética, detectó a tiempo el plan invasor de los alemanes. ¿A tiempo? No exactamente. Stalin, que sabía más que Dios, pero menos que Schellemberg, desestimó sus informes. Luego, durante 3 años, los soviéticos (sobre todos los rusos) guerrearon con admirable tenacidad para enmendar los desaguisados de su paranoico líder.

«Gente aguantadora y entrona». La frase es de Rulfo pero les viene muy bien a los lejanos rusos. Gracias a su combatividad y fortaleza de espíritu, y al apoyo que representaba el inhóspito clima de su país, los rusos y demás soviéticos hicieron posible la victoria que la propaganda atribuyo a las virtudes políticas y guerreras de Stalin.

Empeño inútil es la mentira. De toda aquella gloria cantada por los comunistas del mundo entero, (menos los seguidores del asesinado Trotsky y del yugoeslavo Tito, destinado a la longevidad) no queda más que el mal recuerdo y una tumba cubierta por la hierba al pie de la muralla del Kremlin.

Josip Broz, Tito, es otro candidato al sitial del paradigma. Como Fidel Castro, fue un exitoso jefe de guerrillas; sólo que no combatió contra tropas desmoralizadas y oficiales ineptos y huidizos, sino contra el poderoso ejército alemán y los duros fanáticos de las *Waffen* SS. Luego vino su solitaria defensa de la independencia ante los dictados de Stalin. Hombre de armas usar en su juventud y madurez, detalle poco frecuente entre los jefes comunistas, murió en el poder como casi todos ellos, como los monarcas suelen morir. Llegó a la ancianidad, lo cual es poco conveniente a un modelo de revolucionario, pero fue un anciano fuerte, sano de mente y de agradable aspecto.

Pero... citemos a Chaplin: «¡Cuán grato y tranquilizador es el lujo!», escribió el gran Charlie, rememorando una estadía en el Waldorf— Astoria. Tito fue llamado por esa sirena y, como su colega guerrillero Fidel Castro, no atinó a taparse los oídos. Cayo Blanco del Sur y la isla de Brioni (que sería llamada cayo si estuviera en Cuba; los cubanos somos muy estrictos en cuanto al uso de la palabra «isla») simbolizan la común inclinación sibarítica de éstos dos líderes del proletariado. Además, está Milovan Djilas, uno de esos escritores hijos de Judas y sobrinos de Barrabás que parecen tener como único objetivo sembrar la amargura en los bravos corazones de los héroes. *La Nueva Clase* fue un golpe muy fuerte para Tito, aunque a diferencia de otro escritor hipercrítico cuyo nombre me reservo, sus diatribas eran más bien impersonales. Por último, el título de Mariscal resulta demasiado aristocrático y napoleónico. Fue un error el adoptarlo.

Excluir de este torneo de candidatos a representantes del mundo islámico sería exponerme a las maldiciones de los ulemas. Practico, pues, una vez más, la virtud cardinal de la prudencia y escojo como aspirantes a Mustafá Kemal y Gamal Abdel Nasser.

Ataturk, el Padre de los Turcos en turco, convirtió la cabeza del Imperio Otomano (el tronco y las extremidades se perdieron) en algo vagamente parecido a un país moderno y evitó su desmembramiento. Como el Islam, dicho sea sin ánimo de ofender a Alá o a su Profeta (Paz a su Nombre), es, de todas las grandes religiones, la que más se opone a la modernidad (no existe ni ha existido jamás una democracia islámica), Kemal lo atacó sin muchos miramientos. Este hombre tenía una lengua filosa como cimitarra de verdugo. Dicen que dijo, y apenas puedo creer que lo dijese, que el Islam era «la teología absurda de un beduino inmoral». En nuestros días los fundamentalistas hubiesen intentado ahorcarlo, aunque me parece que él hubiese terminado por ahorcarlos a ellos; era muy bueno en eso de ahorcar.

Mustafá Kemal Bajá, *Ataturk*, fue un notable militar y un hábil político, que triunfó sobre británicos, griegos y enemigos internos. Un triunfador. Pero tenía gustos e inclinaciones que lo sacan del juego, al menos en lo que al asunto de este libro se refiere. Su afición a los jóvenes *gays* y al *raki* le invalidan para el puesto en litigio.

Gamal Abdel Nasser, creyente aunque quizás no fervoroso musulmán, era, como Kemal, un buscador de lo moderno. Quiso modernizar al Nilo y lo logró, con resultados muy discutibles desde el punto de vista ecológico. Esto puede parecer grave y seguramente lo es, pero no resulta invalidante. Lo que invalida al caudillo egipcio son sus derrotas militares. La Historia trata muy mal y generalmente olvida a los jefes derrotados. Pirro, Aníbal, Lee y Rommel son excepciones. Y es que hay derrotas y derrotas; antes de ser vencidos, estos cuatro generales se las hicieron pasar negras a sus vencedores. Pero el *rais*, a diferencia de Kemal, quien venció una y otra vez, fue siempre derrotado, y de mala manera. En 1956, cuando británicos, franceses e israelíes cuestionaron el derecho de Nasser a nacionalizar el canal de Suez y atacaron, la derrota de los egipcios fue cosa de días. En seis días ganó Israel la guerra de 1967, cuando ocuparon de nuevo el Sinaí bajo el mando de su formidable general tuerto. En fin, que así no se puede.

Continuemos la búsqueda y vayamos ahora al Lejano Oriente. Allá nos esperan las estatuas, el ámbito vital y las tumbas más o menos faraónicas de Mao Tse Tung y Ho Chi-Minh.

Ho Chi-Minh. El tío Ho de comunistas y pacifistas; de Brézhniev, Lennon, Fidel Castro y Jane Fonda. Fue convertido en celebridad mundial por sus enemigos (hecho no tan inusual como pudiera pensarse), los que lanzaron todo su poderío (o casi todo; sólo faltó el nuclear) contra el pequeño, pobre, superpoblado y en modo alguno importante país gobernado por él a titulo vitalicio.

¿Hubo alguna vez una guerra más absurda que ésta? Cercano en el tiempo está el ataque contra la Unión Soviética, que resucitó el espectro de la guerra en dos frentes, que colocó al agresor ante la tarea de ocupar un territorio demasiado grande para los recursos demográficos alemanes. Fue un disparate, es cierto, pero al menos se entiende qué buscaba Hitler. No puedo ni siquiera imaginar qué es lo que buscaban los gobernantes norteamericanos en Vietnam, esa tierra cruel.

Podemos alcanzar la celebridad no por lo que hagamos sino por lo que nos hagan. Si la guerra de Vietnam no hubiera sido algo tan repudiado y repudiable, Ho Chi-Minh hubiese permanecido en un nivel similar al de Kim Il-Sung. Pero las cosas sucedieron como sucedieron y el «sereno campesino vietnamita» cantado por poetas y trovadores izquierdistas llegó a muchos, muchísimos corazones.

No para quedarse. Fue una figura coyuntural, símbolo de una época que casi todos queremos olvidar, de la que sólo sobrevivía el muy llevado y traído Síndrome de Vietnam, enterrado hace poco en las arenas kuwaitíes. Hoy se habla más de Rambo que de Ho Chi-Minh.

Sin embargo, no le faltaban méritos. Con sus pobres vestiduras, sus sandalias, su cabaña en el jardín del palacio de los gobernadores de Hanoi, da una imagen de sencillez y austeridad poco común entre los Amigos del Pueblo, tan dados, muchos de ellos, a la buena vida. Y no es poca cosa, por cierto, derrotar a los franceses primero y a los norteamericanos después. En los tiempos modernos, únicamente los haitianos, los etíopes y los zulúes han derrotado a ejércitos de blancos; los haitianos fueron ayudados por la fiebre amarilla y el desinterés de Napoleón por América (donde, sin embargo, tanta repercusión tuvieron algunos de sus actos), y las victorias de etíopes y cafres fueron efímeras. Entonces, ¿por qué no Ho Chi-Minh?

Vivió demasiado. «Hay que vivir joven, morir joven y ser un hermoso cadáver». decía Byron. *Milord* George, como suelen hacer los románticos, exageraba. Ahora bien, no hay dudas que 79 años son una cifra excesiva para ser aceptado como modelo por los hombres jóvenes, que rechazan la vejez porque la tienen lejos, y que forman, en su casi totalidad, las huestes revolucionarias. O patriarca o paradigma; en la Revolución no se pueden ser ambas cosas.

Mao, que antes era Tse-Tung y ahora es ZeDong, pero que sigue siendo Mao, tiene, como sus homólogos ingleses, franceses y rusos la ventaja que proporciona el ser nativo de un país poderoso. Un autor cubano de cuyo nombre puedo perfectamente acordarme pero que citar no quiero, decía que los Estados Unidos, con su inmenso territorio, le daban trascendencia a cualquier escritor nacido allí. Si donde dijo «escritor» hubiese dicho «político» le hubiera ahorrado al mundo una tontería, a pesar del «cualquier». Lo cierto es que una revolución en un país de las dimensiones y población de China deviene inevitablemente en acontecimiento mundial, y sus personajes principales en seres familiares para todos.

De los personajes a que ya me he referido, sólo Villa me inspira simpatía. Sí, señor; el salvaje, brutal y primitivo Pancho Villa. No sé a ciencia cierta por qué. Quizás porque es el único que parecía tener una cierta capacidad afectiva, una inclinación a amar, si no a sus semejantes en general, al menos a algunos de ellos. En el otro extremo está Mao, el que más detesto; ni siquiera Stalin me inspira tanta repugnancia, y la razón que sustenta éste sentimiento es que ha sido, junto a Fidel Castro, el inspirador de la más infame forma de represión. Me refiero a las turbas.

Utilizar a los peores elementos de una sociedad y estimular en ellos lo más perverso de sus naturalezas es algo que sólo puede calificarse de diabólico. Es envilecer aun más a los que estaban ya envilecidos, y utilizar su vileza como instrumento de terror. Las turbas son peores que la tortura en tanto que hacen aflorar la maldad en un número mucho mayor de personas.

Cuando Mao, gobernante casi tan inepto como Fidel Castro, quiso encubrir sus fracasos y envolvió a su inmenso país en un torbellino de crueldad y barbarie, Fidel calificó de fascista aquella representación que tuvo como protagonistas a las turbas de guardias rojos. Años después, en 1980, las emplearía de manera masiva, dándole a nuestro país una vergonzosa imagen de salvajismo que ha sido renovada de la manera más brutal en los días en que escribo este libro.

¿Es esto fascismo? Lo cierto es que, a pesar de la intensa represión que caracterizó siempre a todos los gobiernos comunistas, el uso de las turbas nunca formó parte de sus sistemas de terror. Sólo Mussolini, Hitler y, en menor escala, los esposos Perón las habían utilizado. Mao primero, luego Fidel, les dieron su bendición y el método comenzó a extenderse: los sandinistas, el narcogeneral Noriega. Quién sabe a dónde hubiera llegado el *boom* de las turbas a no ser por Gorbachov y sus seguidores, quienes propiciaron el derrumbe del totalitarismo.

Como candidato que fui a ser víctima de las turbas, no tengo para cuando acabar si hablo o escribo de esos perros hijos de perra. Pero ya basta de ellos. Los mencioné porque no puedo hablar de Mao sin mencionar a su Revolución Cultural. En realidad, no es sólo el uso de ese método canallesco lo que invalida a Mao Tse-Tung como paradigma de revolucionarios. Si Mao no es ese personaje que en realidad no busco porque ya lo encontré, se debe también a los extremos ridículos a que llegó el culto a la personalidad durante su gobierno; a que sus herederos, encabezados por esa feroz y belicosa harpía que tenía por esposa, fueron barridos del poder; a que sus pretenciosos planteamientos teóricos fueron desestimados por los nuevos gobernantes chinos; a que Deng Ziao-Ping y los otros han tenido cierto éxito económico después de quitarse de encima el fantasma del Gran Timonel; a que Mao, como Ho, vivió demasiado, con el agravante de que si el vietnamita daba una impresión de fragilidad, Mao la daba de decrepitud.

Yo estoy acostumbrado a los ancianos; mi abuelo Néstor murió a los 88 años, mis abuelas Rafaela y María pasaron ambas de los 95 y mi bisabuela Tula no se detuvo hasta más allá de los cien. Pero no se parecían a Mao Tse-Tung. Jamás he visto a alguien tan desagradablemente decrépito como este hombre. Es aterrador que una persona en tal estado de senilidad pueda decidir los destinos de millones de personas, de cientos de millones en este caso.

¿Será posible que aún existan seguidores de éste viejo perverso? Es posible. Todo es posible en Ayacucho (Rincón de los Muertos en quechua). La miseria puede cobijar cualquier aberración porque ella misma es aberrante. Mientras exista, habrá hombres que piensen que todo se puede resolver matando a otros hombres, que crean que se pueden iluminar senderos con quemas de cadáveres.

Y llegamos a Fidel. A Castro. Es el único de los candidatos que aún vive y que puede, por ello, empeorar su imagen, lo que seguramente hará. El hombre más decepcionante de la Historia.

Tres décadas atrás, ¿quién le hubiera disputado el titulo? ¿Quién despertó jamás, en el mundo moderno, tanto entusiasmo, tanto fervor, tanta esperanza? No hablo sólo de Cuba; los cubanos han mostrado a menudo una gran capacidad de ilusión, que espero en Dios haya mermado durante ésta terrible experiencia que ha sido la dictadura fidelista. Me refiero al mundo. Hombres y mujeres de todas las razas, de todas las lenguas lo vieron como el mejor abanderado de las mejores causas.

Se acabó. Todo fue un fraude. El, su revolución. Todo.

¿Qué fue, pues, de aquel joven héroe que hablaba de paz y prosperidad? ¿Quién es éste sexagenario siempre iracundo, de ojos llenos de odio y rabia insatisfecha, que sólo habla de penurias y sacrificios mientras continua su vida principesca? Este viejo es aquel joven, 33 años de poder absoluto después. El joven héroe guerrillero se ha convertido en la versión criolla del Viejo de la Montaña, y como su homólogo de la tradición ismaelita, vive para la muerte; la muerte de otros, no la suya.

«Pudimos serlo todo y no somos nada». dijo Fidel Castro en un reciente cónclave presidencial, hablando de errores, como es natural, ajenos.

Pudiste serlo todo y no eres nada, te digo hoy. No eres nada. Ni para bandera sirves ya. La bandera, el ejemplo, el paradigma es aquel que un día fuera tu seguidor. Es a él a quien respetan los que aún son capases de respetar algo o alguien que tenga que ver con la palabra revolución, tal como yo la entiendo.

Ernesto Guevara de la Serna. El Che. Ese es el hombre. Yo no lo escogí. Solamente he querido demostrar (mas bien mostrar) que él y sólo él era el ocupante natural del espacio reservado al paradigma en las mentes y corazones de aquellos hombres y mujeres que creyeron poder crear un mundo a su propia medida.

¿Por qué? Porque estuvo poco tiempo en el poder y nunca lo encabezó, lo cual facilita la tarea de sus apologistas a la hora de disculpar tropelías. Porque fue un hombre de pelea, de asumir riesgos. Porque a diferencia de tantos líderes comunistas, encontró la muerte en la lucha armada que había predicado. Porque no fue amante del lujo. Porque tenía al morir solo 39 años y aún conservaba una presencia agradable. Porque nunca militó en un partido comunista ni puede acusársele de las ignominias en que éstos incurrieron. Porque murió por sus ideas. Sus absurdas, totalitarias y calamitosas ideas. Eso pienso yo pero muchos no pensaban así cuando trataban de seguir su violento camino y adornaban con retratos suyos los cuartos donde dormían, soñaban y conspiraban. Sus retratos, sobre todo ese donde aparece con boina, *jacket* cerrado hasta el cuello, melena y ojos preocupados que miran algo lejano y preocupante. Sus retratos, no los de Fidel ni los de Lenin ni los de Mao. Yo no lo elegí como paradigma. Fueron ellos, los revolucionarios, aquellos de quienes quiero hablar, aquellos de quienes hablo cuando hablo de su elegido, de Ernesto Guevara.

CAPÍTULO III
NIÑEZ FELIZ. JUVENTUD AVENTURERA

Cuando se hurga en la vida y milagros de los defensores del pueblo sorprende el origen social de la mayoría de ellos. Desde aristócratas como el príncipe Kropotkin a ricos capitalistas como Federico Engels, existe un amplio espectro de representantes de la clase media, gente que jamás supo de carencias, que dedican su vida a defender o simular que defienden a los que demasiado saben de ellas.

Explicaciones seguramente sobran. Una de ellas, a la que me atengo, es el carácter paralizante de la miseria. Los hombres que viven inmersos en la extrema pobreza no sólo tienen un conocimiento muy limitado del mundo, sino que deben usarlo en sobrevivir. Los trabajos que realizan suelen ser embrutecedores y no dejan margen físico ni espiritual para nada que no sea la supervivencia. Y cuando el trabajo deja de ser embrutecedor y la vida mejora, se adquieren intereses que defender. La clase obrera de la era anterior apenas produjo jefes revolucionarios; la de los tiempos que corren ni siquiera cabe esperar que produzca soldados de la revolución.

Hay dos categorías muy bien definidas entre los que defienden a los desposeídos siendo ellos poseedores, ambas muy bien representadas en la Revolución Cubana: los que ponen su vida en función de las luchas redentoras como Ernesto Guevara y los que ponen las luchas redentoras en función de su vida como Fidel Castro, los que dan y los que toman, los que mueren por la revolución y los que viven de ella y la disfrutan. Porque, nadie lo dude, de la revolución se puede disfrutar; para algunos cubanos, no muchos, ha sido una fiesta de 33 años.

Juan almeida, Ramiro Valdés, Guillermo García. Los llamados Comandantes de la Revolución. ¿Qué vida habrían tenido éstos hombres, huérfanos de toda cualidad relevante, absolutamente mediocres, de no haber tomado un día la decisión de seguir a Fidel Castro? ¿Qué casas hubieran habitado, qué comidas los hubiesen alimentado, qué mujeres los hubieran aceptado como pareja?

Dermidio Escalona. Su padre, mi tío Mario, el matemático más talentoso y el jugador de *poker* más bruto que ha producido Holguín, dilapidó hasta el último centavo de su herencia, dejó la carrera de Ingeniería sin terminar, engendró seis hijos en una muchacha pobre y a la pobreza fueron a dar los ocho. Un día, Dermidio se fue a la Sierra Maestra. Su hermano Mario, *El Negro*, quedó en Holguín. Como tantos del «Llano». *El Negro* murió; como tantos de «la Sierra». Dermidio estaba vivo y saludable cuando huyó Batista. Era Comandante, pero se metió una y otra vez en problemas que no me interesa relatar, hasta que Fidel perdió la paciencia y lo sacó de la circulación, lo purgó. Tenía poco más de 40 años. Ah, pero la revolución es generosa. Jamás mi orejudo pariente volvió a ganarse la vida con su trabajo; nunca, en todos éstos años, vivió en una casa que no fuera magnífica, ni volvió a subirse a un vehículo de transporte público, ni ha pasado un minuto siquiera en una cola. Dos años de penuria en la Sierra y treinta y tres de buena vida a todo lo largo de la Isla. Excelente inversión.

Dermidio, Almeida, Ramiro y Guillermo García ganaron el cielo por asalto, se instalaron allí y allí permanecen. Fidel es un caso muy distinto. Tan amante del lujo como el que más, no entró con la revolución en el paraíso de los pudientes, sino que cambió de lugar dentro de él, y ese cambio no era en absoluto el objetivo de su lucha. No es que estuviera satisfecho con su estado: «Poderoso caballero es don Dinero». pero su poder no bastó para darle prestigio social a la familia (llamémosla así) Castro Ruz. ¿Sería tal menosprecio, al que se sumaba su condición de hijo nacido fuera de matrimonio, lo que engendró ese odio al parecer inextinguible, ese odio a tantos y a tantas cosas, ese afán de poder? Adolfo Hitler, en sus años juveniles, soñó con ser pintor; Fidel sólo ha soñado con dominar a la mayor cantidad posible de personas. Engendrado y criado sin amor, crecido en medio de un grupo humano unido sólo por la casa en que vivían y la común herencia genética, factores que no bastan para definir una familia, Fidel Castro no es ni de lejos el hijo de casa rica preocupado por la suerte de los pobres de que habla la mitología revolucionaria; familia nunca tuvo y sólo se ha preocupado, sólo se preocupa de sí mismo.

Ernesto Guevara es otra cosa y las diferencias comienzan antes del nacimiento de ambos hombres. Mucho antes. Los Guevara de la Serna sí que son una familia de sólida clase media. Lo tienen todo: dinero e historia; o para decirlo de otra manera quizás más comprensible: son propietarios desde hace varias generaciones. Ambos, el padre y la madre, tienen «campo». como se dice allá, y eso es algo definitorio, como definitorio es que Ernesto sea parte de la novena generación de Guevaras nacidos en la Argentina. «Hace mucho tiempo que mi familia vino de España con una mano delante y otra atrás». escribe un día. Cierto. Como casi todos los emigrantes, llegaron con las manos en esa posición que el califica, con razón, de incómoda. Pero eso fue *hace mucho tiempo*. Cuando Ernesto Guevara de la Serna hizo su salida a escena, Ernesto Guevara Linch era dueño de una plantación de yerba mate en Misiones y copropietario de un pequeño astillero en Buenos Aires; la madre tenía su estancia.

Ernesto Guevara nace en Rosario. Sus padres se habían instalado en Misiones, pero una dama de calidad no debe parir en medio de la selva, la amenazante selva afamada por Horacio Quiroga, así que el parto tuvo lugar en la ciudad santafecina sobre el Paraná. De allí es una foto, quizás la primera del futuro guerrillero. Una foto muy reveladora: el niño, (un pequeño bulto de ropas del que sólo sobresalen la cabeza y las manos), la joven y hermosa mamá, y el padre, algo solemne en su nueva condición. Ya son lo que nunca fueron los Castro Ruz: una familia. Una familia próspera, bien vestida, bien calzada, dueña de su entorno vital. No ricos, pero si sólidos; lo que tienen fue adquirido hace mucho tiempo por abuelos o bisabuelos y no está en peligro de perderse. Una familia «bien».

Unos pocos meses y los Guevara regresan a su finca selvática. Allí vivirá el pequeño Ernesto sus dos primeros años, en un mundo subtropical parecido al que verá nacer su fama treinta años después. Vagamente parecido; la naturaleza cubana es gentil con el hombre, a excepción de los pantanos costeros como los que recibieron a los expedicionarios del yate *Granma*. Los bosques de la Sierra Maestra son un alivio, un refugio; nada hay en ellos que sea una amenaza.

La amenazante selva de Misiones no deja huellas en el niño. Allí aprenderá a caminar, allí dirá sus primeras palabras y sorberá sus primeros mates, pero la vida empieza en realidad con la memoria, y a los dos años ese maravilloso don aún no funciona. Dos años tiene Ernesto Guevara, Ernestito, cuando Ernesto padre decide volver a Buenos Aires, donde las cosas no andan bien en su astillero.

Regresan a la civilización, porque Misiones no ha vuelto a ser totalmente civilizada desde la expulsión de los jesuitas. Allí, en las húmedas riveras del Río de la Plata, hace su aparición el asma, y es como si toda la familia la padeciera. La vida de todos los Guevara, los nacidos y los por nacer, cambiará a partir de entonces.

«Toda nuestra vida fue cambiando en concordancia con las necesidades de encontrar un clima apropiado para nuestro hijo». escribió muchos años después Ernesto Guevara Lynch. Así fueron de Buenos Aires a Córdoba, de Córdoba a Argüello, de Argüello a Altagracia. Y en Altagracia, una pequeña población serrana, se asentó la familia durante once años. El tenía 33 años y ella 26. Lo abandonaron todo: negocios, proyectos, la vida plena de la gran ciudad. Eso tiene un nombre, un bello nombre, lo designa la mas bella de todas las palabras: amor.

Cuando Ernesto Guevara tiene cuatro años, la familia se pone en función de él, de su salud; lo aman. Cuando Fidel Castro tiene seis, sus padres lo envían a Santiago de Cuba, a casa de unos extraños; ignoro las razones, pero el desamor es evidente. Creo que aquí está la clave de las diferencias entre estos dos hombres que tan bien se llevaron y la explicación de la tragedia en que se hunde nuestro país. Si quiere usted lograr un monstruo, críe a un niño sin amor; aliméntelo, vístalo, cálcelo, envíelo a la escuela, déle dinero para sus diversiones, pero no lo ame. Aunque el resultado no es seguro debido a la complejidad de la naturaleza humana, las posibilidades de éxito son grandes.

Altagracia vive del turismo y de los que carecen de salud y van allí a buscarla. Quizás ya no vayan; los antibióticos casi han acabado con la tuberculosis. En aquel entonces, cuando los Guevara se instalaban en la villa cordobesa, el *komintern* trataba de prolongar la vida de

Rubén Martínez Villena enviándolo a un sitio similar en el Caúcaso. El joven poeta era una pieza clave para el comunismo en Cuba.

¿Cómo se sentiría una pareja joven, saludable, culta, emprendedora, en aquel sanatorio? Se adaptaron. Vivieron de lo que ya tenían renunciando a incrementarlo. Tuvieron otros cuatro hijos, dos varones y dos hembras. Y esperaron a que Ernesto creciera o se curara; nunca se curó.

¿Y él, el niño objeto de este amoroso sacrificio? Todos los niños, al menos los que son amados, se consideran a si mismos como el centro del mundo. En el caso de Ernesto Guevara ésta idea infantil se vio reforzada por los hechos y seguramente nunca desapareció del todo.

Altagracia fue algo así como un destierro para Ernesto Guevara Lynch y Celia de la Serna. No para Ernesto Guevara de la Serna. Nada como un pequeño pueblo para vivir y ser feliz mientras somos niños. El futuro guerrillero lo pasó en grande mientras escalaba sus primeras lomas y vadeaba sus primeros arroyos y cañadas. Creció fuerte, a pesar de su enfermedad, y la lucha contra ésta le fortaleció el espíritu, lo convirtió en un perenne retador, en uno de esos seres que están siempre probándose a si mismos. Además, en su condición de hermano mayor y, en cierto modo, centro de la vida familiar, se acostumbró al mando, lo que se vio reforzado por su amistad con muchachos de familias pobres, algo relativamente común en los pueblos pequeños: los niños proletarios tienden a adoptar como cabecilla al compañerito de juegos «que vive en una casa grande». En Cuba, el que ya no era un «niño bien» sino el Che, mostró siempre especial inclinación por aquellos que tenían eso que llaman un origen humilde, como Camilo Cienfuegos, Eliseo Reyes (*San Luis*) Roberto Rodríguez (*El Vaquerito*) y Joel Iglesias.

Y no era sólo que las diferencias de clase incidan poco entre los niños pueblerinos. Los padres también influyeron en ese sentido. Guevara Lynch era socialista, lo que ahora llamaríamos un socialdemócrata, seguidor y votante de Alfredo Palacios, pintoresco político de capa y melena aficionado a los duelos. Doña Celia, que había recibido una sólida formación religiosa, pronto la dejó a un lado para abrazar las ideas de su marido, adicionándoles la mayor vehemencia de su temperamento. Eran, pues, gente de izquierda los padres del futuro revolucionario.

Esto último influye, aunque no es en absoluto necesario para que un hijo de la clase media haga suya la causa de los pobres, de los oprimidos por la pobreza. La preocupación por problemas que no nos afectan, la solidaridad con los que sufren lo que nosotros no sufrimos, con los que carecen de lo que a nosotros nos sobra, es una de las más bellas manifestaciones del espíritu humano. Además, es un sentimiento muy reconfortante. ¡Uno se siente tan virtuoso! No es de extrañar que tantos líderes del pueblo surjan entre los pudientes, los que no sólo quieren sino que también pueden.

Los sentimientos izquierdistas del pequeño Ernesto se vieron fuertemente reforzados por la Guerra Civil Española, esa especie de cruzada de comunistas y «progresistas». de seguidores de Lenin y antecesores de Lennon. Las visitas al hogar de los Guevara de combatientes de esa guerra poco menos que santa, no por derrotados menos heroicos a los ojos infantiles, sus relatos de ofensivas, victorias y retiradas, han de haber impresionado vivamente al revoltoso primogénito.

Para un niño las guerras resultan particularmente impresionantes cuando en ellas participan personas allegadas o, al menos, conocidas. Recuerdo mi conmoción ante las noticias de que mi pendenciero hermano Ernesto Raúl, mas conocido por Raúl, andaba por Nueva Caledonia, mi primo Julio Wistermundo Sera Luque por Inglaterra y mi primo Carlos Octavio Sera Luque por Birmania. No podía entender qué buscaban mis parientes en semejantes andurriales y mi estupor llego al máximo cuando supe que *El Pinto*, acuciado por problemas de logística, se había comido un mono en las selvas birmanas.

Por otra parte, la contienda española había sido elevada por muchos a la categoría de *jihad*, entre ellos los participantes en las tertulias del hogar de los Guevara. Heroísmo, nobleza y sacrificios gloriosos han de haber colmado las conversaciones. Se hablaría del fusilamiento sin juicio previo de Federico García Lorca calificándolo de asesinato y del fusilamiento sin juicio previo de José Antonio Primo de Rivera calificándolo de ajusticiamiento. El hecho de que Líster no gritara «Viva la muerte» como el desbaratado Millán Astray, pero que fusilara a cualquiera por cualquier minucia, seguramente no se mencionó en aquellas tertulias. Tampoco la matanza de falangistas a golpes de bieldo y el lanzamiento de las víctimas a un despeñadero narrados por la Pilar de Hemingway (¿O fue Pablo? La mala alimentación parece estarme afectando la memoria). Los bien alimentados Guevara no vivían en el socialismo; sólo hablaban de él. Don Ernesto dice que aquellas conversaciones influyeron mucho en su hijo. Le creo.

No todo era política de izquierda en el hogar de los Guevara. La cultura ocupaba una buena parcela de la vida familiar, sobre todo la literaria, única plenamente disponible en la remota Altagracia. El futuro revolucionario tenía hasta su poeta de familia, Cayetano Córdoba Yturburo, esposo de la tía Carmen. El asma, en este caso, tuvo una consecuencia positiva al condenar a períodos de inmovilidad al inquieto niño, quien llenará su tiempo con la lectura. En todo lo que he leído de Ernesto Guevara se nota una cultura tempranamente sedimentada y está entre los pocos hombres de acción que han mostrado respeto y admiración genuinos por los hombres de letras, sin esa mezcla de aparente desprecio y recóndita envidia tan común entre sus compañeros de armas.

Es desagradable admitirlo, incluso un poco humillante, pero absolutamente cierto: entre todos los personajes que de una y otra forma han influido en la formación de la imagen de la revolución cubana, el único hombre culto es argentino.

Afición a la literatura, ideas izquierdistas, amor por la naturaleza salvaje, inclinación a la aventura, desprecio por lo convencional: los esposos Guevara de la Serna, tienen mucho en común; no es de extrañar que todas esas características pasen a formar parte de la personalidad de su hijo. Pero hay una, por demás importante para lo que él será en el futuro, que le viene sólo de la madre, y es el gusto por el peligro. En *Mi hijo el Che*, Ernesto Guevara Lynch se refiere una y otra vez a la temeridad de su mujer, que no parece compartir y que a veces incluso lo exaspera. Exasperante debe ser estar casado con una dama que cada cierto tiempo corre peligro de morir ahogada por nadar en lugares peligrosos. Su hijo mayor heredará esta inclinación, valiosa en grado sumo para cimentar una reputación heroica. Además, en la vida de un revolucionario nunca faltan los riesgos, y si algo es inevitable, más vale disfrutar con ello.

Ernesto Guevara amaba el peligro. También amaba la violencia. Que en su niñez fuese mas o menos aficionado a las peleas es algo que apenas tiene importancia. He conocido incansables batalladores en la escuela primaria convertidos en apacibles sujetos en la universidad. El hijo de Celia de la Serna no cambió: sólo le dio nueva forma a su violencia.

Las peleas no importan, los deportes sí. Para amar el *rugby* hay que amar la violencia. Nunca he visto un juego de *rugby* pero sí varios de su derivación, el *football* americano. Más que un juego parece una guerra, hecha a base de velocidad y fuerza. Fuerza bruta: de todos los participantes, únicamente el llamado *quarterback* parece tener necesidad de utilizar sus neuronas; los demás sólo corren, empujan, derriban y aplastan. Esa es la apariencia; detrás de ella quizás se esconda algo que se me escapa, pues no sé de ningún juego de equipo en que participen con destaque tantas personas que luego tendrán un brillante desempeño en actividades que requieren inteligencia. Yo, que no se nada de ese deporte, que no me interesa, conozco cinco figuras destacadas de las artes escénicas, la literatura y la política que antes fueron jugadores estrellas: Paul Robeson, Jack Kerouac, Gerald Ford, O. J. Simpson y Jack Kemp. En Cuba, donde su práctica estaba limitada a La Habana, se dan casos parecidos: del brillante periodista Pablo de la Torriente Brau (que estoy seguro hubiera sido mi amigo de no haber muerto siete días después de nacer yo) al Ministro de Educación Superior Fernando Vecino (que fue mi amigo y jamás volverá a serlo). Algo hay, sin duda, tras la brutalidad.

Pero es brutal, y más brutal aún es el *rugby*, en el que los jugadores no llevan los elementos de protección que se usan en la versión norteamericana. Sólo los que aman la violencia pueden dedicarse a un deporte así y ese era el deporte favorito de Ernesto Guevara, llamado *Fúser* (el Furibundo Serna) por los que se rompían el alma con él en la cancha.

Once años pasó en Altagracia la familia Guevara de la Serna. Once años dedicados a cuidar la salud de su primogénito. Once años sin trabajar, viviendo de lo que ya tenían. No estuvo mal el resultado: un muchacho fuerte de cuerpo y de espíritu; porque fuerte, muy fuerte hay que ser para jugar el *rugby*, y de su fortaleza espiritual no pueden dudar ni siquiera sujetos tan críticos, hostiles y agresivos como este servidor de ustedes.

Celia y Ernesto padre, porteños hasta los huesos, se enterraron en aquel pueblito por amor a su hijo. La tropa de cinco descendientes no la pasó mal. Aparte de las ventajas que para un niño tiene un lugar como Altagracia, los veranos traían un cambio de ámbito siempre agradable: la estancia de la abuela paterna, la de la madre, la de éstos o aquellos amigos, Mar del Plata. A pesar del asma, Ernesto tuvo una niñez feliz.

«Tres cosas hay en la vida: /salud, dinero y amor/ El que tenga esas tres cosas/ que le dé gracias a Dios». cantaba Alberto Gómez una noche de aquellos años en el parque Calixto García. Había actuado para los holguineros en el teatro Infante, pero aún le quedaban ganas de cantar y portaba una borrachera de espanto. Y lo que cantaba era verdad. La salud, a pesar del asma y gracias al clima cordobés, no fue mala, el dinero no faltó y amor hubo en abundancia para Ernesto Guevara de la Serna.

Se mudaron a Córdoba, la mayor de las tres ciudades que llevan ese nombre, toda una metrópoli si se le compara con Altagracia, una pequeña ciudad de provincias si la comparación es con la inmensa Buenos Aires. El joven Ernesto es ya un adolescente de 16 años. Es atlético y bien parecido. Con lo primero está de acuerdo, no con lo segundo: ya desde entonces conspira contra su buena presencia pelándose al rape y cultivando el desaliño. De lo primero le quedará el mote de *El Pelado* que sobrevivirá a la costumbre de raparse; la segunda manía sera permanente.

Hay gente así. A la edad que tengo yo ahora, Marlon Brando, aquel Apolo del cine de los años '50, era un viejo barrigón, y no sólo parecía importarle un comino, sino que su deterioro daba la impresión de ser algo voluntario, en modo alguno fruto del descuido. A mí, que me fastidia una ligera capa de grasa en la cintura, invisible cuando estoy de pie, me resulta difícil entender estas actitudes. Brando y Guevara se hubieran entendido bien.

El muchacho trataba de lucir mal, al parecer sin éxito. Algunas jóvenes damas cordobesas darán poca importancia a su desaliño y una de ellas, Chichina Ferreyra, se hará sentir...y de qué manera.

En Córdoba, Guevara terminará el bachillerato, dejará el fútbol por el *rugby*, se comprometerá (es un decir) con Chichina, conocerá a su primer gran escritor (Ernesto Sábato) y a su compañero de viaje hacia el lejano mar Caribe (Tomás Granado). Allí tendrá también su primer empleo.

Largos años de dirigir sus negocios desde lejos, consecuencia del autoexilio en Altagracia, han mermado los caudales de la familia. «El ojo del amo engorda al caballo», dice un refrán hecho realidad en la progresiva delgadez de los equinos guevarianos. Tal mengua no le preocupa en absoluto a este joven burgués. A los once años se estrenó como viñador y conoció en carne propia la explotación del niño por el hombre, y a partir de su primer *laburo* en la construcción de viales trabajará como vacunador, enfermero de barcos mercantes, entrenador de fútbol, fotógrafo callejero y laboratorista. A diferencia de tantos y tantos representantes de los intereses de los trabajadores, Ernesto Guevara nunca le hará ascos al trabajo. Tan extraña y contradictoria tradición comenzó con Carlos Marx, que renegaba de la necesidad de mantener a la numerosa familia habida con la aristocrática y prolífica Jenny von Westphalen, y culmina con Fidel Castro, que jamás en su ya demasiado larga vida ha ganado un *mango* que lo haga *morfar*.

Tres años en Córdoba y la familia regresa a Buenos Aires. Ernesto se queda. Por primera vez planta tienda aparte y hace planes para matricular Ingeniería en la bien afamada universidad cordobesa. Chichina Ferreyra debe haber sido una muchacha muy graciosa.

Pero llegó la muerte y lo hizo cambiar de rumbo. La abuela Lynch enfermó, el nieto regresó a Buenos Aires para acompañarla en su agonía y la experiencia fue tan impresionante que Ernesto Guevara decidió permanecer en la capital y estudiar Medicina. Como médico vendría a Cuba, donde, por aquellos tiempos, Fidel Castro trataba de utilizar a la muy politizada Universidad de La Habana como plataforma de despegue político.

Como los de Fidel, los estudios universitarios de Guevara serán sumamente irregulares, sólo que por muy distintos motivos. Es el apogeo de los esposos Perón, la época de fobia anti-estudiantil del peronismo. La política está en todas partes pero el que luego se dedicará a ella en cuerpo y alma se mantiene ajeno y ausente. Asiste irregularmente a clases, estudia, trabaja en diversos empleos, se entusiasma con ciertas especialidades de la medicina, lee, juega al *rugby* y al ajedrez (extraña combinación), viaja a Córdoba para ver a Chichina, realiza un *raid* de varios miles de kilómetros en motocicleta que lo llevará hasta Salta, en el norte, y Mendoza, al pie de los Andes, ciudad en cuya fundación participara un lejano antecesor. Hubo incluso un intento empresarial: la fabricación de insecticida con métodos yo diría que artesanales. «No entendía nada de negocios en esa época». escribe ingenuamente su padre. Nunca llegaría a entender.

A todas luces, Ernesto Guevara no peca de contemplativo. Pero en su febril y variada actividad resalta una peculiar carencia: la política. ¿Qué pensaba de Perón, de Evita? Sus sentimientos de protectora simpatía hacia los menesterosos, su desprecio por lo convencional y su guerra particular contra las corbatas, ¿lo llevaban acaso a simpatizar con el entonces todopoderoso matrimonio y sus «descamisados»? ¿Rechazaba a los Perón por el odio que estos mostraban hacia los intelectuales y los estudiantes? El pasado anti-Rosista de su familia, ¿le llevaba a repudiar la versión moderna de la pareja dominadora? En su corazón, ya más o menos socialista y decididamente anti-yanki, ¿encontraban acogida favorable las sucesivas nacionalizaciones y el lema «Braden o Perón»? Pero, ¿y las inclinaciones fascistas del general y su solapada protección a nazis fugitivos? Comprendo que hay ya demasiadas preguntas en este libro, pero cada quien ofrece lo que tiene; yo, a diferencia de los sabios y los charlatanes de feria, tengo más preguntas que respuestas, y me sorprende y desconcierta la abstención política en un momento como aquel de alguien como Ernesto Guevara. Es un detalle incongruente en una vida marcada por la coherencia.

En los últimos días de 1951, Ernesto Guevara y su amigo Tomás Granado iniciaron su muy largo y muy comentado viaje hacia el Norte. Pero antes se dirigieron al Sur, a Miramar, un balneario cercano a Mar del Plata donde veraneaba Chichina Ferreyra.

«Cada vez me gusta más o la quiero más...». escribe en su diario de viaje el joven trotamundos. No parece tener muy clara la diferencia entre uno y otro sentimiento. Y es que Ernesto Guevara, que amaba a sus padres, a sus hermanos, a la abuela Lynch, a la tía Beatriz, no parece haber conocido el amor máximo, el que se siente por una persona hasta ayer extraña, con la cual no nos une la sangre ni la convivencia, venida a veces de cerca, a veces de lejos, pero siempre de afuera, y que sin saber nunca exactamente por qué se convierte en el centro de nuestra vida; en fin, el amor.

El padre se había sentido preocupado por las consecuencias de la prolongada separación, pues la muchacha ya estaba en eso que llamaban «edad de merecer». Muy macho, Ernesto contestó a las dudas paternas con una de esas frases lapidarias a las que tan aficionado se mostró después: «Si me quiere, que me espere». Chichina no esperó. ¡Bien por Chichina!

En Miramar se vieron por última vez. Miramar se llama un hermoso barrio habanero por el que Che Guevara ha de haber pasado muchas veces, quizás fastidiado por el recuerdo, quizás indiferente.

De allí a los Andes, a Chile, cruzando la cordillera; a Santiago, contando unas historias acerca de su «vastísima experiencia en leprología». su conocimiento de los «centros mas importantes del continente» en el tratamiento del Mal de Hansen y sus «miles de enfermos tratados». Pura picaresca. *La Poderosa*, sufrida motocicleta que los había transportado más de dos mil kilómetros, dijo basta y se negó definitivamente a andar antes de llegar a la capital chilena. De allí en lo adelante, *auto-stop* hasta Santiago, mas *auto-stop* hasta Valparaíso, de polizones en un barco que los llevará al Norte Chileno. El 10 de marzo, mientras navegan hacia Antofagasta, Fulgencio Batista derroca a Carlos Prío y le abre el camino a Fidel Castro. Ernesto Guevara, que carece de facultades adivinatorias, no puede ni siquiera imaginar lo que ese lejano acontecimiento significaría para su vida.

Llegan a Antofagasta y de nuevo al camino: en camión hasta Chuquicamata, el rojo corazón de Chile, y luego a Tacna, ya en el Perú.

Algunos camioneros peruanos padecen de una cierta atrofia del sentido de solidaridad y se hace necesario caminar. Caminan, pues, y caminando llegan a un rancho donde «los doctores» son recibidos como una especie de «semidioses». no solo por doctores sino también por argentinos, nativos del «maravilloso país donde está Perón y su mujer Evita, donde los pobres tienen las mismas cosas que los ricos y no se explota al pobre indio». Guevara y Granado aceptan, felices, la generosa aunque pobre hospitalidad y el futuro héroe se abstiene de comentar el ingenuo entusiasmo peronista de sus benefactores y de explicarles que sus antepasados se interesaron más en el exterminio de los indios que en su explotación.

A partir de allí la suerte mejora y aparecen camioneros y policías hospitalarios. Pasan por Puno, sobre el lago Titicaca. En la otra orilla está Bolivia; más allá de La Paz, más allá de Cochabamba, está Santa Cruz, donde le espera la muerte. Esperará quince años.

De Puno a Cuzco y allí hacen alto para el inevitable interludio indigenista que, por supuesto, no puede dejar de incluir a Machu Picchu. Jamás he podido comprender el entusiasmo de Martí por las civilizaciones prehispánicas. No conocieron la rueda, sus medios de navegación no pasaban de la balsa y la piragua, el bronce con que se armaban Héctor y Aquiles era algo ignorado por Cuauhtémoc y Atahualpa, y sólo conozco un arco en las numerosas y afamadas construcciones de aztecas, teotihuacanos, mayas y quechuas; pertenece por cierto a la civilización maya, que comparte con el imperio soviético la muy peculiar característica de ser las únicas sociedades que se han derrumbado desde dentro.

El imperio socialista de los incas es un libro de un señor llamado Louis Boudin, leído con mucho interés por Guevara durante su estancia en Cuzco. Aunque no está en mis planes para el futuro incremento de mi acerbo cultural, debo decir que su título me parece exacto y sugestivo. Nada más parecido al socialismo que la teocracia militarista de los incas, cuyo máximo monumento es Machu Picchu. ¿Cuántos quechuas y aimarás habrán dejado la vida en la construcción de esa joya turística? Como ya empecé de nuevo con las preguntas, ahí va ésta: ¿Por qué los indios, los quechuas y aimaraes no aprovecharon la revuelta de Gonzalo Pizarro para quitarse de encima a los españoles, que luchaban entre si? Respondo, pues alguna vez debo responder: Porque Gonzalo, el joven héroe, y Carvajal, el viejo demonio, y La Gasca y Centeno y Hernando Bachicao y los otros eran demasiado para ellos, los indios. Y porque no estaba claro si valía o no la pena luchar por recobrar lo que habían perdido, y cuando esa duda existe, nadie lucha.

Si yo fuese mexicano o colombiano o peruano, estaría muy orgulloso de mi Teotihuacán, mi Museo del Oro, mi Machu Picchu; pero sucede que no soy nada de eso y que los hombres que habitaron nuestra isla antes que nosotros los cubanos eran unos salvajes que vivían en la Edad de Piedra, algunos de ellos en el Paleolítico, y apenas dejaron huellas porque no tenían con qué dejarlas, ni ellos ni los pampas *desmelenaos*. Los hombres que andan descalzos difícilmente dejan huellas, al menos en la Historia.

Entre los hechos definitorios del mundo de hoy está el cine, y el cine hace que a Ernesto Guevara y a mí y a muchos otros hispanoamericanos, nos sean más familiares Cochise y Caballo Loco (me refiero al jefe cheyenne, no al otro, aunque ese, por desgracia, también me es familiar) que Huáscar o Manco.

Quiero terminar esta disquisición con una verdad de Perogrullo, un señor que decía banalidades pero a quien todo el mundo cita: a los hispanoamericanos nos une, ante todo y casi exclusivamente, el idioma de los españoles. Un descendiente de las chibchas y uno de los quechuas sólo pueden entenderse en español, y sólo en español pueden comunicarse conmigo que, si de sangre hablamos, no tengo nada que ver ni con uno ni con otro.

¿Donde estábamos? ¿Donde estaban Ernesto Guevara y su compañero de viaje? En Cuzco. Comienzan a bajar hacia la costa y en la bajada se las ven negras, siempre a la caza de camiones, pues no hay trenes de carga a los que recurrir como hacen los vagabundos norteamericanos. Las almas caritativas no abundan y pasan hambre. Visitan lazaretos y ponen al mal tiempo buena cara. Por fin llegan a Lima donde el hambre merma, en buena medida gracias al doctor Presce, leprólogo eminente, de inclinaciones políticas, sociológicas y filosóficas, que acoge con simpatía a los aventureros. «Según Ernesto, poseía una cultura marxista formidable y una gran habilidad dialéctica». escribe Guevara padre. Granado narra algo muy distinto: el doctor Presce les dio a leer el manuscrito de un ensayo sobre el Perú escrito a ratos perdidos pero muy querido para él, y Guevara hijo se lo devolvió acompañado de una demoledora crítica de sobremesa entre cuyos argumentos incluía que el libro no era marxista. «Mirá, *Pelao*, que sos hijo de puta». le dijo Granado frenético cuando abandonaron la casa del médico. Se equivocaba. Ernesto Guevara no era —todavía— un hijo de puta, sólo que a veces se ponía un poco pedante.

Renovado el ánimo por la buena mesa, los amigos enrrumban hacia la Amazonia, donde los llama un leprosorio de particular renombre y el deseo de conocer la Selva de las Selvas. Al recruzar la cordillera, el camión de turno largó una rueda y la Revolución Cubana estuvo a punto de quedarse sin su Che Guevara. Más camiones a través del altiplano y la ceja de montaña hasta llegar a Pucallpa, sobre el Ucayali. Luego vendrían 600 kilómetros de navegación por ese río y el Amazonas, con Iquitos como escala, y 100 más hasta el leprosorio de San Pablo.

¡Qué viaje! Las andanzas de Huck Finn en el Mississippi, que tanto me impresionaron en mi niñez, se me antojan ahora una vuelta por el barrio. Años después, el régimen que tanto contribuyó a cimentar Ernesto Guevara convertiría aventuras como ésta en sueños de imposible realización. El fidelismo acabó con la libertad de movimiento que tan feliz hizo a Guevara en su primera juventud. El la disfrutó pero no pareció importarle que otros la perdieran.

En el lazareto se ganan el afecto de los enfermos con su trato de ser humano a ser humano. El apretón cordial de una mano sana no protegida por guante alguno era un regalo maravilloso para aquellos infelices, un poco como volver a ser personas. La gratitud de los leprosos se materializó en la construcción de una balsa que debía llevarlos a Leticia, bastimentos para el viaje y una fiesta de despedida que ha de haber sido algo digno de verse.

«Alberto, que ya pinta como sucesor de Perón, se mandó un discurso demagógico en forma tan eficaz, que convulsionó a los homenajeantes». le escribe Guevara a doña Celia. Es la única referencia hostil a Perón que he podido encontrar en sus escritos.

Los leprosos constructores de la balsa la bautizan con un hombre que se me antoja premonitorio: *Mambo-Tango*. Por aquellos años, Pérez Prado era un personaje poco menos que universal, aunque dudo que el antimusical Guevara estuviera en condiciones de apreciar su talento. Tres lustros después, en la velada mortuoria celebrada en su honor en La Habana, se utilizó como música de fondo una pieza llamada *Suite de las Américas*. Autor: Pérez Prado.

¿Qué era Cuba entonces para el joven argentino? Me atrevo a decir lo que probar no puedo. Cuba era la patria de José Raúl Capablanca. Acabo de calificar a Dámaso Pérez Prado de «personaje poco menos que universal» Poco menos. Cubanos universales sólo han habido dos y uno de ellos es Capablanca. No existe un país por pobre que sea, por cerrado que esté al exterior, por lejano que se encuentre de los centros motores del mundo, donde no se juegue el ajedrez. Y donde hay ajedrez, ahí está Capablanca, y no hay jugador que ignore su nombre. El otro cubano cuya fama ha llegado a todos los países será aún más importante que el gran ajedrecista en la vida de Guevara, pero éste nunca había oído hablar de él en la época en que navegaba por el Amazonas en la *Mambo-Tango* y más le hubiera valido no conocerlo nunca. A diferencia de Capablanca, cuyo nombre es sinónimo de imaginación creativa, Fidel Castro será un destructor y sólo un destructor.

Guevara era otra cosa. Era un hombre inclinado a la entrega. Por eso cabe preguntar cuán cerca estuvo de dedicarse a lo que bien podríamos denominar «medicina apostólica». El prestigio internacional de los médicos argentinos había alcanzado su punto más alto con el otorgamiento del Premio Nobel a Bernardo Houssay, y otro médico, Albert Schweitzer, estaba a punto de ganar el Nobel de la Paz con su labor en un lugar muy parecido al San Pablo de la Amazonia peruana. Pero Ernesto Guevara no estaba hecho para esa clase de apostolado. No era un hombre de paz.

En la balsa cuyo nombre evoca el país donde ganará fama, una fama muy distinta a la de Schweitzer, el futuro comandante y su amigo navegan hacia Leticia, el puerto amazónico de Colombia. «Los cubanos, o no llegan o se pasan». dijo exasperado Máximo Gómez, el extranjero que más amor nos dio. Guevara ya se iniciaba en los secretos de la cubanía: al parecer por culpa suya, fueron a dar a Brasil. Allí cambiaron la balsa de nombre premonitorio por un bote y se despellejaron las manos remando corriente arriba en el inmenso río.

Llegaron a Colombia, país violento, complicado e impredecible, envuelto entonces en una de sus numerosas guerras civiles, gobernado por el áspero Laureano Gómez y aún bajo los efectos de la desesperada furia multitudinaria que siguió al asesinato de Jorge Eliecer Gaitán. Les iría mal en Bogotá, pero no en Leticia. Los colombianos olvidaban a ratos sus conflictos fascinados con el juego de Alfredo Di Stéfano y el sol de la gloria del *superstar* argentino calentó los estómagos y los bolsillos de sus jóvenes paisanos en bancarrota: fueron contratados como entrenadores de un equipo de fútbol. Con lo que ganan se pagan el vuelo a Bogotá, desechando la peligrosa idea de remontar el río Putumayo. Como en Perú, de donde vienen, y Venezuela, a donde van, en Colombia rige una dictadura; la diferencia está en que esa dictadura enfrenta una resistencia armada. El que luego será famoso guerrillero se acerca por primera vez a una guerrilla. También por primera vez sus caminos se cruzaran con los de Fidel Castro, que cuatro años antes participara en el «bogotazo» e iniciara, en la propia capital colombiana, un nada fructífero acercamiento con el peronismo.

En Leticia, la puerta trasera, Colombia, los recibió bien; ganaron sus buenos pesos: después de viajar en camión, a pie, en lancha, en balsa y en bote, se estrenan como pasajeros de una línea aérea. Pero Bogotá no es Leticia. Allí no están para leprólogos argentinos de aspecto *atorrante*. No les permiten visitar leprosorios, se les dificulta comer de gratis y para colmo, van a parar a la cárcel. Un policía se encuentra con dos jóvenes desharrapados, uno de los cuales dibuja algo en el suelo con la punta de un cuchillo; les pide su documentación y al oírles decir, con arrogancia y acento típicamente argentinos, que son doctores, no lo piensa dos veces: al talego. Después de algunas gestiones más o menos laboriosas los dejan en libertad... en libertad de abandonar el país en 48 horas. El 14 de julio celebraron el aniversario de la toma de La Bastilla tomando ellos las de Villadiego. Salen por Cúcuta y entran por San Cristóbal. De nuevo a caminar, esta vez hacia Caracas, donde termina el viaje para Granado, que permanecería allí. No para Guevara. Por cuestiones digamos de liquidez, debe tomar un avión de carga que transportará a Miami caballos de carrera argentinos para luego regresar en él a Buenos Aires.

Los fidelistas, en una de las más ridículas manifestaciones de su extraña idiosincracia, le llaman «islita» al país en que nacieron. «Una pequeña islita perdida en el Caribe». dicen cuando los domina su inclinación por el absurdo y la bobería. Lo cierto es que resulta difícil y costoso viajar por aire hacia gran parte de la América del Norte desde Colombia o Venezuela sin sobrevolar la enorme isla de 1,200 kilómetros de largo. Sobre Cuba voló Ernesto Guevara en su viaje a Miami, casi seguramente sobre Holguín, patria chica de éste su inamistoso biógrafo, ciudad que debe haber contemplado con soberana indiferencia. No me ofendo; Holguín no es Buenos Aires.

A principios de los años `50, Miami era una ciudad muy bonita, muy limpia y ordenadita, llena, en invierno, de turistas y, todo el año, de viejos retirados y enchancletados, vestidos con *shorts* y camisas de muchos decibeles. Era una ciudad americana, anglosajona, aunque abundaban los latinos, no los del Lazio, sino los otros.

Cuarenta años después y como consecuencia de la revolución en la que tanta responsabilidad tuviera un argentino, el 5% del total de los cubanos vive en esa ciudad, ahora llamada «la capital del exilio».

Sólo un día debía pasar allí Ernesto Guevara, pero el avión necesitó algo así como una reparación capital y la estancia se prolongó durante un mes. En ningún punto de su largo viaje estuvo tanto tiempo como en Miami. La balsa bautizada *Mambo-Tango*, el viaje en compañía de los *caballos* sobrevolando Cuba, la temporada en la ciudad que luego será nuestra o casi nuestra: cuando examinamos el pasado nunca faltan los hechos que parecen augurios. Será por eso que hay tanta gente supersticiosa.

En septiembre de 1952 regresa a su país y en siete meses realiza la hazaña de aprobar las 15 asignaturas que le faltan para graduarse de doctor en Medicina. Hazaña es, aunque de dudosos resultados en cuanto a la solidez de los conocimientos adquiridos. Todas sus hazañas posteriores afrontarán igual cuestionamiento.

Sólido o no, Guevara es talentoso y trabajador. Tendrá oportunidad de colaborar con Pisani, un alergista de gran renombre del que había sido ayudante. La oportunidad pero no la disposición. El largo viaje al norte parece haberlo dejado impedido para toda actividad estable, y no hay labor científica posible sin estabilidad. Guevara sólo piensa en volver al camino... y en algo más aún no del todo claro para él. Pero si ese algo vago e inconcreto era la revolución, Argentina era un lugar tan bueno como cualquiera y mejor que muchos. Pero él se marcha y esta vez será para no volver. En julio de 1953 parte en tren rumbo a Bolivia. Ignoro la fecha exacta de su partida pero me niego a pensar que fuera el día 26. Sería demasiado.

Ese 26 de julio, un grupo de hombres al mando de Fidel Castro ataca el Cuartel Moncada en Santiago de Cuba y sacan a su jefe del anonimato. Treinta años antes, una acción similar, el *putsch* de Munich, tuvo efectos similares, al convertir en celebridad al casi desconocido Adolfo Hitler. Los comunistas cubanos, con Blas Roca como vocero, calificaron el asalto al Moncada de *putsch*, lo que demuestra que nadie es tan bruto que siempre se equivoque ni tan mentiroso que nunca diga la verdad.

CAPÍTULO IV
ADIÓS A LA PATRIA. ENCUENTRO CON LOS CUBANOS. FIDEL CASTRO

«¡Aquí va un soldado de América!» le gritó Ernesto Guevara de la Serna a Ernesto Guevara Lynch desde el tren en movimiento. Que el soldado excluyera a su propia tierra como campo de batalla es un hecho que carece de explicación y quedará como una de las tres grandes incógnitas de su vida. Dadas mis inclinaciones personales me gustaría pensar que huía del recuerdo de Chichina Ferreyra, pero es imposible afirmar tal cosa. Todo tiene su límite; hasta la imaginación romántica. En los tiempos de Chichina también el soldado se había negado a luchar.

Ahora bien, y para dejarlos en paz con el tema, quiero señalar que a diferencia de los cubanos, sus hermanos de megalomanía, los argentinos no son propensos a las aventuras en pagos extraños. Argentina era una tierra de inmigrantes y lo fue hasta que una serie de militarotes la destruyeran metódicamente. Era un país para permanecer, no para escapar, sobre todo en el caso de Guevara, a quien nada ni nadie perseguía.

Tres mil kilómetros hay entre Buenos Aires y La Paz; muchos para recorrerlos en un tren lechero. Ya en el Tercer Mundo, que entonces no se llamaba así, el joven médico no parece interesarse en el país que será el de su muerte ni en su nada pacífica capital, donde no hacía mucho habían colgado a un presidente usando como horca uno de los faroles de la plaza principal. Es curiosa su falta de interés porque en 1952, hacía apenas dos años, había tenido lugar allí una muy sonada revolución, con nacionalizaciones y todo. Lo cierto es que Guevara pasa por Bolivia con indiferencia argentina, cruza el Titicaca, baja a la costa peruana y la recorre de sur a norte rumbo al Ecuador.

Perú es el único país que recorrerá por segunda vez en sus andanzas anteriores a la Revolución Cubana. Un año antes, una joven peruana llamada Hilda Gadea, perseguida por la dictadura del general Odría, había marchado al exilio.

Guevara se dirigía a Venezuela, donde nada tenía que hacer un soldado de América en aquellos tiempos. En cambio, era el lugar indicado si de ganar dinero se trataba. Si quería servir a un poder revolucionario, el lugar mas apropiado era Bolivia. Si quería estrenarse como soldado y participar en una lucha armada, nada había, nada hubo durante décadas mejor que Colombia. Abandonar la clínica de un médico de fama internacional como Pisani para trabajar en una institución similar de Venezuela sólo puede estar motivado por el dinero. Además, tengo la impresión que entre venezolanos y argentinos no existe eso que llaman empatía, lo cual demostraron tempranamente Bolívar y San Martín.

En suma, que el motivo que impulsaba a Guevara hacia Venezuela era obtener algo que nunca le interesó: el dinero. Única explicación que se me ocurre: hay países tan endemoniadamente lejanos que resulta imposible llegar a ellos haciendo *auto-stop*: hace falta plata. ¿Pensaba realmente en la India, como parece inferirse de algunas conversaciones con Granado? ¿Qué hubiese ido a buscar allí? ¿Acaso la miseria en su versión mas acabada? Tiene que ser, porque no puedo imaginármelo sentado a la vera de un *guru* como los Beatles o el personaje de *El Filo de la Navaja*. De todos modos, es una idea absurda si el que la concibe se ve a si mismo como un soldado de América.

Todo esto es, quizás, ocioso, pero lo que más me gusta del oficio de escribir es que puedo hacer lo que me da la gana, lo cual incluye dedicarme al ocio.

Lo que iba a buscar Guevara a Venezuela quedará en el misterio, porque nunca llegó allí. En Ecuador se encontró con Ricardo Rojo, un exiliado enemigo de Perón, quien le habló de las maravillas que realizaba el gobierno de Jacobo Arbenz. Ha de haber sido muy elocuente; tanto, que el andante caballero cambió de idea y enrrumbó hacia Guatemala. En Guayaquil, en el mismo lugar donde el metódico general San Martín iniciara la larga marcha que lo llevó a las costas del Paso de Calais, Ernesto toma el rumbo que decidirá su destino.

Juan Domingo Perón, aún sin Evita, no parece haber sido poca cosa. Nadie que tenga epígonos lo es. Perón los tuvo y el primero de ellos fue Jacobo Arbenz, a quien siguieron Juan Velazco Alvarado y

Omar Torrijos, todos ellos, maestro y discípulos, militares que toman el poder llevando como bandera la causa de los pobres y la oposición al imperialismo.

A quien tiene apóstoles, aunque éstos no lleguen a la mágica docena, casi nunca le falta su san Juan Bautista. Antes que Perón, otros militares anunciaron la buena nueva, incluso de manera más radical. En 1928, en Brasil, el oficial Luis Carlos Prestes se pronuncia por el socialismo y, tras otra larga marcha, se convierte en líder de los comunistas brasileños. Pero no pasará de ahí, nunca será poder. Sí lo fueron, aunque fugazmente, los marinos y soldados chilenos amotinados en 1932 bajo el mando de un militar dotado de un apelativo que ha de sonar impresionante hasta en Yorkshire: Marmaduke Grove. Marmaduke y sus hombres querían también socialismo, pero, como cuarenta años después, más pudieron los que no lo querían.

Perón, Arbenz, Velazco y Torrijos gobernarán. A diferencia del maestro argentino, el discípulo guatemalteco hará su primera aproximación al poder como cabeza de un golpe de estado. En 1945, él y otro oficial, el comandante Arana, derrocarán sucesivamente a Jorge Ubico, un tirano tan extravagante como Fidel pero amistoso con las compañías norteamericanas, y a Ponce, que lo sustituye, y formarán una junta cívico-militar que convocará a elecciones. El tercer hombre de la junta era el abogado Guillermo Torriello, un señor que parece ser inmortal.

Juan José Arévalo, hombre versado en ictiología, ganó las elecciones, gobernó seis años y presidió los comicios en que fue electo Jacobo Arbenz, quien, como Perón, se declaró representante de los humildes.

Para hacer valer su representatividad, hizo lo que Perón, lo que tantos y tantos en otro momento: nacionalizar. Esa vez le tocó el turno a la entonces célebre y poderosa *United Fruit*, que puso manos a la obra y, con la entusiasta colaboración del gobierno de Eisenhower, se dispuso a derrocar al molesto coronel. En diciembre de 1953, cuando Ernesto Guevara llega a Guatemala, está en marcha la conspiración y seis meses después el gobierno con el que pensaba colaborar no existe.

En Guatemala, Guevarafú no hará nada de lo que pensó hacer. No le permitirán ejercer como médico ni disparó un arma a la hora de la pelea. Poca pelea hubo de todos modos. Uno de los efectos secundarios de la corta y triunfal campaña de los rivales de Arbenz será el reforzamiento del odio, hasta entonces más bien abstracto, que Ernesto Guevara sentía por los Estados Unidos.

Los juegos Deportivos Centroamericanos y del Caribe bien podrían celebrarse en conmemoración de los palos que los países participantes han recibido de parte de los belicosos vecinos norteños. Fuera de ese conjunto, la agresividad ha sido menor o simplemente no se ha manifestado. Argentina en particular tiene poco o nada de que quejarse, pero el argentino que nos ocupa, que era ya anti-norteamericano al llegar a Guatemala, lo será aún más al salir de allí pocos meses después. Guevara pasó de largo por la hostilidad y llego al odio, y en ello debe haber influido grandemente la estúpida y exhibicionista arrogancia del embajador norteamericano en Guatemala. Nadie como ciertos burócratas para crearle enemigos al país que más recursos invierte en la adquisición de amistad. Unos pocos americanos feos dilapidan el dinero de millones de americanos tranquilos.

El odio a los Estados Unidos fue un factor definitorio en la vida de Ernesto Guevara, pero el corto intervalo guatemalteco es fundamental por otras razones. Allí se encontrará con Hilda Gadea, una cholita robusta, de modales sosegados, iniciada en los secretos del marxismo, los anticuchos y las papas a la huancayna. Se enamoraron; al menos, ella se enamoró. «Tu siempre serás mi muchacha». le escribió él un día. «Siempre» es un adverbio que se las trae.

Lamento decirlo, porque Hilda Gadea me agradaba, pero de lo que su querido Ernesto encontró en Guatemala, lo más importante para él fueron unos cubanos que habían participado en el asalto a un cuartel en la ignota ciudad de Santiago de Cuba. El grupo, que encabezaba el flaco y gigantesco Ñico López, había logrado escapar luego del fracaso de la mal planeada y peor ejecutada operación. En cuanto a salir de Cuba, era cosa fácil en aquel entonces.

Guevara y los cubanos se hacen amigos. Ellos no tienen nada que ofrecer a no ser sus pintorescas historias del Moncada. Son sólo los supervivientes de un grupo derrotado, cuyo jefe está en la cárcel cumpliendo una condena de 15 años. Pero a Guevara le agradan. Ñico López, como la mayoría de los asaltantes del Moncada, es obrero, y al joven médico errante siempre le agradó el proletariado.

No parecen héroes. No lo son. No tendrán una participación relevante en la lucha contra la dictadura de Batista. Sin embargo, estos hombres serán los primeros cubanos que Ernesto Guevara conozca, los que lo rebautizarán con el mote que lo acompañará en la fama, y uno de ellos, Ñico, lo presentará a Fidel Castro. Para un grupo muy pequeño, para un grupúsculo, como diría Fidel, Guevara ya es el Che.

El Che se marcha de Guatemala y no es un cubano quien lo acompaña sino el guatemalteco Roberto Cáceres, *El Patojo*. Van a México donde la pasarán yo diría que mal. Los Estados Unidos están plagados de burócratas arrogantes pero siempre fue el mejor lugar de las Américas para llegar sin un centavo. En México no faltan burócratas arrogantes y resulta mucho más problemático ganarse el sustento. Además, los mexicanos no parecen sentir ningún afecto por los argentinos; ni siquiera Gardel tiene allí mucho publico.

Ah, pero este Guevara es un muchacho emprendedor, no cabe duda. Fidel Castro hubiera muerto de hambre o caído en la delincuencia de haberse visto en un país extraño sin alguien que pagase los gastos, pero su futuro lugarteniente compra una cámara fotográfica con sus últimos pesos y se dedica, en compañía del *Patojo*, al noble oficio de fotógrafo ambulante.

Vendrán tiempos mejores, con el trabajo en un laboratorio, y vendrá Hilda de Guatemala. Ernesto Guevara vegeta en la capital mexicana, retenido por el orgullo, sin ganas de permanecer allí ni lugar a donde ir a no ser su propia tierra, gobernada ahora por los militares, que han derrocado al que ya no consideran un compañero de armas y ensayan para lo que será la gran matanza de dos décadas más tarde.

Cuando los mezquinos intentan parecer generosos sólo consiguen parecer imbéciles. En mayo de 1955, Fulgencio Batista, hombre más astuto que inteligente, deja en libertad a Fidel Castro luego de 22 meses de encarcelamiento, durante los cuales fue tratado con mayor benevolencia que ningún otro preso en la historia de Cuba, leyó todos los libros que le interesaron, recibió con regularidad y frecuencia las visitas de sus familiares, fue entrevistado por un reportero de la principal revista del país, califico de homosexual al Ministro de Gobernación y cocinó sus platos favoritos; cocinar es, al parecer, la única actividad no relacionada con la destrucción en la que Fidel se desempeña con eficacia.

La Historia me absolverá: el título que dio Fidel a su alegato en el juicio por los sucesos del Moncada demuestran su falta de originalidad, sus simpatías por los caudillos fascistas y lo ilimitado de su optimismo. A punto ya de terminar aquella gran perorata, pronosticó que el trato que le darían en la prisión sería el más duro sufrido jamás por alguien en una cárcel cubana. En realidad, nadie fue objeto de trato tan benigno, lo que sólo sirvió, a largo plazo, para ilustrar la intrínseca perversidad de este hombre; en ningún gobierno anterior, y podemos comenzar en Diego Velázquez de Cuéllar, se ha maltratado al preso de manera tan sistemática como bajo Fidel Castro, el hombre que pagó con 22 meses de cárcel la muerte de 18 soldados y convirtió luego la pena capital y las condenas de 20 y 30 años en algo familiar a todos, casi cotidiano. Nadie tan implacable, tan despiadado como el beneficiario de la ficticia bondad del ex-sargento llamado Batista.

Porque ficticia era, por supuesto. Antes de tratarlo a cuerpo de rey en la prisión de Isla de Pinos había tratado de asesinarlo en la prisión de Santiago de Cuba. Dio la orden al jefe de la plaza, coronel Del Río Chaviano, pero este individuo parecía ignorar que el asesinato es trabajo de asesinos, de hombres como Fermín Cowley, que 18 meses antes, cuando el golpe militar que llevó al poder a Batista, sacó de su escondite al entonces teniente coronel y segundo al mando del regimiento Alberto del Río Chaviano para anunciarle que el jefe de ambos, el coronel Alvarez Margolles, estaba neutralizado. Años después, Cowley ganó siniestra notoriedad por la cantidad de holguineros que envió al otro mundo, hasta que un nativo de la ciudad que había visto crecer su renombre le hizo perder la cabeza disparándole con uno de esos trastes que los sicilianos llaman *lupara*: Este Cowley (u otro por el estilo, que los de su calaña no escasean) debió ser el encargado de la tarea, pero Del Río Chaviano designó al honorable teniente Jesús

Yánez Pelletier, quien denunció las malas (históricamente buenas) intenciones del gobierno y salvó a Fidel Castro. Hoy, a los 75 años, Yánez Pelletier vive acosado por la tiranía de aquel cuya vida salvara.

Convertido, ¡al fin!, en figura nacional gracias a la matanza del Moncada, Fidel abandona su cómoda celda (cómoda, sobre todo, si se le compara con otros lóbregos y pestilentes agujeros que yo conozco), funda el Movimiento 26 de Julio y marcha inmediatamente al exilio, dejando a otros la tarea de convertir al grupúsculo en organización. Se va a México, donde desde hace casi un año está un joven médico argentino que no sabe qué hacer con sus huesos.

Poco cuenta el joven médico del primer año de su estancia en México. Poco hay que contar sin duda. Pero allí se encuentra de nuevo con el flaco y gigantesco Ñico López, que ésta vez tiene algo más que historias para ofrecer: En México está Fidel, el Héroe del Moncada. Bastará un encuentro para que estos dos hombres, tan distintos, se entiendan. Ernesto Guevara, el Che Guevara, se incorpora a lo que será el Ejército Rebelde, que con el tiempo llegará realmente a ser un ejército y dejará de ser rebelde para convertirse en el principal sostén interno de una de las más rígidas, solemnes, hipócritas y despóticas sociedades que ha conocido el mundo moderno. El Che será uno de los fundadores de esa sociedad hecha a la medida de Fidel Castro, pero en la que no habrá un espacio duradero para él, Ernesto Guevara de la Serna.

¿Qué tienen en común estos dos hombres? El muchacho «bien» y el «nuevo rico» cuya familia tiene mala fama; el joven trotamundos, versión moderna y antimusical del payador errante, que se niega a participar en la política, y el dedicado a ésta en cuerpo y alma como única y muy temprana vocación; el que rechazaba el saco y la corbata en un país con tradición de buen vestir y clima apropiado para ello, y el que sudaba en el trópico envuelto siempre en ropa; el laborioso y el enemigo del trabajo; el que admira a los grandes escritores y el que los ve con ojos envidiosos y desconfiados; el hijo de un hogar sólido y el bastardo; el aceptado, el siempre bien recibido, y el que quiere a toda costa hacerse aceptar; el que aprendió desde niño a detestar a los caudillos fascistas y el que desde adolescente los admiró. El que de niño tuvo amor y el que careció de el.

¿Es que nada comparten Ernesto Guevara y Fidel Castro? No puede ser. No es. Ambos tenían inclinación a la violencia y todos los violentos terminan amando la guerra, que es la violencia por antonomasia. Pero mientras Ernesto juega *rugby*, donde la violencia es legal y está al alcance de todos, porque todos los que juegan son fuertes, Fidel juega al baloncesto, donde es severamente reprimida por los árbitros y termina siendo patrimonio de los ladinos, los matreros... y los de mayor estatura y fortaleza. En la guerra, el Che se probará una y otra vez a si mismo; aunque pase sus buenos sustos, disfrutará, como Celia de la Serna, no sé si del riesgo o de la sensación de salir indemne de una situación riesgosa. En cuanto a Fidel, jamás buscará el peligro, aunque, como le sucede a todos los que participan en revoluciones, a veces el peligro se acercará a él. Además, éste hombre nunca se da; él sólo toma. El argentino se entrega de manera total a la causa que para el cubano es sólo un instrumento. No es de extrañar, pues, que abunden las historias en las que aparece el Che jugándose la vida, mientras que no existe una sola de este cariz sobre Fidel Castro. Los que aspiran al apostolado pueden darse el lujo de morir en la lucha, no así los que aspiran a la tiranía, que necesitan vivir, vivir a toda costa.

La inclinación a la violencia los acerca pero no los une. La unión vendrá por la comunidad en el odio y el objeto de ese odio serán los Estados Unidos. Ambos se ven a si mismos como destinados a luchar contra ese país y a tal lucha dedicarán sus vidas, embarcando de paso a la nación cubana en sus bajeles de guerra.

En septiembre de 1955, la misma noche en que conoce a Fidel Castro, Ernesto Guevara se alista como médico en la expedición armada que prepara el recién nacido Movimiento 26 de Julio. Su mujer está encinta de cuatro meses pero eso no parece preocuparle. Tiempo después tendrá 4 hijos en cinco años, una especie de frenesí reproductivo que no le impedirá marchar de nuevo a la guerra. Guevara, cuyo padre dedicó su juventud a criarlo, parece suponer que sus propios hijos no necesitan de él.

Pero ésta vez es distinto: cuando abandonó a la madre de los cuatro hijos era el célebre Che Guevara, la segunda personalidad política de un país en el que no había nacido. En 1955 es alguien desorientado que encuentra por primera vez un rumbo cierto, y es Fidel Castro quien se lo señala. Oliver Cromwell, lejano antecesor de ambos, decía que llega más lejos el hombre que no sabe a donde va. La historia cubana reciente parece desmentirlo. Fidel siempre supo a donde iba o, al menos, a donde quería ir.

Como les dije, los argentinos no son particularmente populares en México. Guevara, por su parte, tampoco moría de amor por los descendientes de Cuauhtémoc. Le gustaba escribir sobre lo que veía, pero de su larga estancia mexicana apenas deja testimonio. El silencio es casi total en torno al primer año, cuando andaba al garete dedicado a la supervivencia. Ya en el Movimiento, su vida la llenan los preparativos de la lucha; el país donde está, la nación que los rodea no parecen interesarle en absoluto. Sólo habla de los cubanos. Ni siquiera los restos del rico patrimonio indígena atraen su atención y apenas se mueve de la capital a no ser para los entrenamientos y el viaje final, que será el principio, a Veracruz.

Más de un año, catorce meses para ser exactos, transcurrirán entre su incorporación al grupo expedicionario y la partida de éste. En ese tiempo su importancia irá en constante aumento. Cuando ingresa no es un recluta más: es el médico. Además, es fuerte, inteligente, disciplinado, el de mayor cultura y ha visto más mundo que cualquiera de sus compañeros, lo cual incluye a Fidel. No ha combatido como algunos de ellos, pero la escaramuza del Moncada, cuyos muertos fueron, en su mayoría, asesinados, no convierte a nadie en un veterano de guerra. Camilo Cienfuegos, un alegre aprendiz de sastre que estará entre sus más cercanos amigos, tampoco participó en lo del Moncada. Ambos llegarán a ser los comandantes de mayor celebridad del futuro Ejército Rebelde.

¿Es ya comunista Ernesto Guevara? He dejado tantas preguntas sin contestar que me hace feliz poder dar, al fin, una respuesta: sí, lo es. En Octubre de 1956, cuando el ejército soviético intervino para aplastar la revuelta nacionalista húngara, el Che Guevara sostuvo fuertes discusiones con uno de sus compañeros en defensa de tal intervención. Sólo un comunista haría semejante cosa. Lo malo de ciertas causas es que sus fines son tan, pero tan elevados, que se prestan para justificar los medios mas viles, y no se puede defender la vileza sin caer en ella.

¿Hay otros comunistas en el grupo? Hay uno, al menos: Raúl Castro. Pero el Che no será su amigo. Con su voz engolada y desagradable, sus facciones inhóspitas, su posición tan por encima de sus méritos y posibilidades, a Raúl Castro siempre le será difícil ganar amigos e influir sobre las personas.

En cuanto a Fidel, aún no ha descubierto que el marxismo-leninismo está concebido para hacer felices a personas como él y ha perdido el tiempo con *El Hombre Mediocre* y *Mi lucha*. Un análisis superficial le daría la razón a Cromwell, pero el resultado no reflejaría la realidad: Fidel sí sabe a donde va, sólo que aún no ha encontrado el camino.

Lo que había encontrado, lo que ya tenía era un enemigo de su conveniencia, lo que en la política viene siendo algo así como un tesoro. ¿Qué le sucedía a Fulgencio Batista, aquel astuto bribón? Todo su enfrentamiento con Fidel Castro es una cadena de errores y estupideces, entre los que sobresale su incapacidad para aprovechar los errores y estupideces de Fidel, como el anuncio a plazo fijo de la expedición. El estrecho de Yucatán tiene poco mas de 100 millas náuticas y hubiera sido tarea fácil mantenerlo bajo vigilancia, sobre todo a partir de que los expedicionarios dejaron de ser vistos en México.

«En 1956 seremos libres o seremos mártires». Fidel Castro siempre ha padecido de una extraña fe en el disparate. La absurda profecía pudo haberlo hundido en el ridículo, pero allí estaba, otra vez, el ex-sargento Batista para sacarle las castañas de cualquier parte. En 1953, pudo haber presentado el asalto al Moncada como el asesinato alevoso de un grupo de soldados desprevenidos, en medio de una ciudad en fiesta que celebraba su carnaval a todo ron, lo cual hubiera sido discutible pero en modo alguno absurdo. Ah, pero don Fulgencio, el general amado por Blas Roca, Lázaro Peña y Carlos Rafael Rodríguez, pensó que por cada soldado muerto debían morir dos asaltantes y para alcanzar la cifra requerida ordenó una matanza. La sangre de esos muertos lavó las culpas de aquel que les condujo al desastre y escapó sin un arañazo.

Cuando, en octubre de 1956, varios hombres de la expedición fueron apresados por la policía mexicana, Batista debió dedicar toda la marina a la vigilancia del estrecho de Yucatán, pero estaba muy ocupado hablando de negocios con Meyer Lansky para pensar en eso.

En octubre, en noviembre, Fidel se las ve negras. Los impredecibles mexicanos parecen empeñados en complicarle la existencia y faltan sólo semanas para que se decida su destino de auto-emplazado. Es necesario partir, y ya. Pero en la cárcel de la calle Miguel Schultz, única que conocerá en su vida, está Ernesto Guevara, el Che. También está Pedro Miret, uno de los organizadores del asalto al Moncada y fundador del Movimiento. Pero ya el Che es más importante que Miret. «Yo no te dejo». le había dicho Fidel al argentino. No lo dejó.

¿Qué tanto interés en un extranjero sin experiencia revolucionaria de ningún tipo? Si, ya sé: era el médico de la expedición; y también sé que el eficiente Frank País le hubiera enviado a la Sierra Maestra tres médicos mejores que Guevara si se lo hubiesen pedido. ¿Entonces? Uno de los indiscutibles talentos de Fidel Castro es su sagacidad para escoger hombres que le sean útiles. Y éste Guevara, por su odio a los Estados Unidos y su poco respeto por la democracia, era uno de los suyos; todo parecía indicar que resultaría un buen hombre de pelea, y Fidel siempre ha buscado hombres que peleen en lugar suyo; además, en su condición de «Don Juan para machos». genial definición que tomo prestada de Carpentier, guarda su más alta estima para aquellos que se muestran fascinados con su personalidad, así como odia, con el odio del despechado, a los esquivos e indiferentes.

Por último, lo cual completaba su idoneidad como instrumento político, Guevara era extranjero, y no un extranjero asentado durante años en el país como Máximo Gómez, sino alguien traído aquí por el propio Fidel, de modo que cuando el argentino decidiera atravesarse, como cabía esperar que lo hiciera, podría ser echado a un lado con mayor facilidad alegando su extranjería.

La actitud de Fidel reforzó la adhesión del Che convirtiéndola en algo parecido a la incondicionalidad, aunque es bueno recordar que hablamos de un hombre de calibre. Fue incondicional hasta donde podía serlo alguien como él.

Su exaltada disposición anímica la expresó en un poema que nadie echaría de menos si todos sus ejemplares desapareciesen, en el que llama a Fidel «ardiente profeta de la aurora».

«Vámonos». comienza diciendo el Che en su poema. Y se fueron. Y vinieron. Y aquí están todavía algunos de ellos. Atrás quedaron una joven peruana que le había servido de compañera durante varios años y otra Hilda, más joven aún (nueve meses): Hilda Guevara.

CAPÍTULO V
LA SIERRA Y EL LLANO. SÁNCHEZ MOSQUERA. LA VICTORIA

En el Cabo Cruz, extremo suroeste de la provincia de Oriente, empiezan (o terminan) dos paisajes costeros totalmente diferentes: la costa alta, de farallones, playas pedregosas y caletas de la Sierra Maestra, a donde se dirigía el yate *Granma*, y la costa baja, poblada de manglares del Golfo de Guacanayabo, a donde llegó.

La costa de la Sierra es ideal para un desembarco. Desde la caleta de Ojo del Toro hasta la montaña del mismo nombre sólo son unas decenas de metros. Ocujal, una playa de cantos rodados, está al pie del Pico Turquino, la mayor elevación del país. Pero a la altura de Cabo Cruz esperaba la cañonera *Leoncio Prado*. El *Granma* debió adentrarse en el Caribe, navegar a quince o veinte millas de la costa y, en la noche, guiándose por las luces de las aldeas costeras, desembarcar al pie mismo de la Sierra Maestra.

Esto debió hacerse. Lo que hizo fue tomar rumbo Norte y adentrarse en el Golfo de Guacanayabo, cuya costa es un pantano cubierto por un espeso manglar. Además, desde el lugar en que el *Granma* quedó atrapado en el fango, hay más de mil quinientos metros y de allí a la Sierra, unos veinte kilómetros de cañaverales y potreros.

El feo y desgraciadamente histórico yate llegó a donde no debía y además llegó tarde: dos días antes y en la fecha convenida, los hombres del Movimiento 26 de Julio, con Frank País al frente, habían puesto de cabeza a la capital provincial. Tres hombres murieron. Sólo tres. Pocos para la envergadura de la operación, y demasiados si se tiene en cuenta que ésta se llevó a cabo para distraer a las fuerzas armadas y aliviar la posible presión sobre el *Granma* a la hora del desembarco. Mientras Tey, Parellada y Alomá morían, mientras Frank, Ramos Latour y Sotús se batían en las calles de Santiago, el *Granma* daba tumbos a la altura de las Islas Caimán.

«La tierra más fermosa que ojos humanos vieron». escribió Colón en su Diario; «Un manglar infecto», escribe Guevara en carta a sus padres. El Descubridor y el Che, el almirante y el comandante, ambos tienen razón. Sobre todo el primero. La costa noreste de la región holguinera, además de ser lugar de mis afectos y recuerdos, es realmente fermosa, aunque quizás no «la más fermosa». En cambio, el manglar que recibe al Che es incuestionablemente infecto y atravesarlo con el agua negra de tanino hasta la cintura fue, a buen seguro, como para recordar a todos los ancestros femeninos de Fidel. El Che, como yo, le temía al agua oscura.

Luego vino la culminación del desastre: en Alegría de Pío, un chaparrón de plomo casi aniquila la bisoña tropa y dispersa lo que de ella queda. Entre los muertos está Ñico López, el macilento gigante que representó al destino en Guatemala y México. Entre aquellos a quienes la muerte sólo roza está el Che, que recibe su primera herida. No será la última.

Bajo el estruendo y la furia, alguien toma el mando y encabeza la retirada; unos dicen que Camilo Cienfuegos, otros que Juan Almeida. Nadie dice que haya sido Fidel. Ante la disyuntiva de cargar con el botiquín de primeros auxilios o una caja de balas, el joven médico herido se deja llevar por su verdadera vocación: escoge las balas.

Lo que acabo de contar esta ya muy contado, así como lo que sigue: los doce sobrevivientes, que no fueron doce, por supuesto; y el encuentro en Cinco Palmas de Fidel y Raúl, los Hermanos Fatales (¿Se acuerdan de las Hermanas Fatales de *Macbeth*, que comenzaron anunciando triunfos y venturas, y terminaron como sibilas de la desgracia?); y los primeros campesinos que se les unen y la hospitalidad guajira que les mata el hambre y la primera acción de la naciente guerrilla, el ataque al diminuto cuartel de un lugarejo llamado, precisamente, La Plata. Ha comenzado la guerra de guerrillas.

Será el recién llegado argentino quien la llame así. En el poema que pudo haberse ahorrado ya se refiere a «los guerrilleros huesos». y en esa palabra, «guerrillero». se resume la enorme, sorprendente ascendencia espiritual que ejerció Ernesto Guevara sobre su patria de adopción.

Desde comienzos de la Guerra Grande, el gobierno español reclutó cubanos que le eran adictos y los organizó en pequeñas unidades a los que se llamó «guerrillas»; «guerrilleros» fueron, pues, sus miembros y esa palabra se convirtió en sinónimo de traición.

«¡Alto! ¿Quién va? La guerrilla/Muchachos, machete en mano/ Esos son nuestros hermanos/ pero de mala semilla». recitaba mi abuela. Me refiero a María Borja, la mambisa: Rafaelita Báster se mantuvo fiel a la Corona Española hasta su muerte, ocurrida sesenta año después del hundimiento de la escuadra del almirante Cervera.

«¡Guerrillero!». le gritaban desde las gradas del estadio de Báguanos a *Chévere* de la Fuente, nuestro tercera base, que un día ascendió a la gloria al batearle un *hit* a Marrero en un juego de exhibición y ahora se hundía en la ignominia al vestir el uniforme del abominable equipo de Tacajó.

Ser guerrillero era ser traidor, era luchar contra lo que se debía defender, y así había sido durante casi cien años. Pero el Che no lo sabía; ignoro si alguna vez lo supo. Lo cierto es que comenzó con su dichoso poema y completó la tarea reivindicativa con su libro *La Guerra de Guerrillas*, dedicado al popular y ya difunto Camilo Cienfuegos, a quien designaba como paradigma de guerrilleros. A partir del Che, la palabra antes infamante significaría lo mismo que en Argentina, que en cualquier parte.

Esta tradición destruida por el recién llegado carecía de importancia, no así otras en cuya destrucción también fue factor fundamental Ernesto Guevara, el Che, uno de los padres fundadores del totalitarismo en Cuba, superado sólo por Fidel Castro en cuanto a responsabilidad por la vida que ahora vivimos y por la muerte de tantos que han muerto y de los que aún morirán.

El Ejército Rebelde fue el embrión de la sociedad cubana actual y lo fue desde sus inicios, cuando no pasaba de ser una banda desharrapada de poco menos de veinte hombres. No se parecía a ésta, no; tampoco un ser adulto se parece al embrión que fue en el momento de la procreación. En aquel entonces todos eran jóvenes, decían luchar por la libertad, su capacidad de opresión era ínfima por no decir inexistente, la vida que llevaban estaba marcada por las privaciones, no habían matado aún a nadie que estuviese desarmado e inerme, no habían destruido nada. Pero ya mentían. Ya comenzaban a ser intolerantes y sectarios, a considerarse por encima de todo y de todos.

Herbert Matthews, conocido periodista de *The New York Times*, con décadas de experiencia en el oficio, fue engañado por la puesta en escena montada por Fidel para dar la impresión de que su grupúsculo de 18 hombres era una fuerza de cientos. Fuera del placer que sienten ciertas personas al engañar a los demás, no veo que ganó con ello. En todo caso, el episodio fue un avance de lo que sería nuestra existencia bajo el gobierno de este hombre, en una sociedad hecha a su imagen y semejanza. En la Cuba de Fidel, la verdad es un lujo, el único de que se privan aquellos guerrilleros convertidos hoy en jerarcas.

El Che no participó en la mojiganga. El engaño nunca fue su fuerte, como lo era, en cambio, el sectarismo, actitud común en iluminados y elegidos por el destino, y que en él se desarrolló hasta convertirse en eso que he llamado narcisismo espiritual.

La primera manifestación de este peculiar estado de ánimo se produce cuando el Movimiento 26 de Julio convierte a la fuerza al mando de Fidel Castro en algo más que una pequeña banda: sesenta hombres distan mucho de ser un ejército, pero sería exagerado llamarlos «un grupúsculo». Los hombres de Frank País están en proporción de dos a uno respecto a los de Fidel Castro y han participado en la acción del 30 de noviembre, un combate urbano de ciertas proporciones. Los de Fidel hace apenas tres meses que están en campaña, solamente tienen en su haber la estampida de Alegría de Pío y el ataque al cuartelillo de La Plata, pero ya se consideran a si mismos como curtidos veteranos y tratan de bisoños a los de Frank. El Che Guevara es vocero de esta arrogante actitud y la refleja con toda claridad en *Pasajes de la Guerra Revolucionaria*.

Fidel va más allá de las palabras: envía al Che a recibir a los de Frank con instrucciones de tomar el mando de los 40 hombres que llegan. Estos ya tienen su jefe, el capitán Jorge Sotús, un hombre duro y poco sufrido, que ha ganado sus grados en una acción como las que aún no ha visto el argentino y que, además, es cubano. Sotús se niega a entregar el mando.

La mala fe de Fidel es evidente y también lo es su temprana comprensión del peligro que representa Frank País para sus ambiciones de dominar de manera absoluta el movimiento revolucionario. No puedo imaginar saludo más desagradable para una tropa que la deposición de su jefe y la puesta en entredicho de sus grados, que Fidel declaró sujetos a confirmación por la jefatura de la Sierra, o sea por él mismo. Ahora bien, lo que ilustra con mayor claridad sus intenciones es el envío del Che para hacerse cargo de la tropa. El argentino no tenía aún grados ni jerarquía alguna, era sólo el médico. ¿Por qué no envió a Juan Almeida, a Raúl Castro, a Ramiro Valdés, veteranos del Moncada? ¿Por qué pretender que Sotús, ya una figura en el Movimiento 26 de Julio, se subordinase a un extranjero desconocido?

«Espíritu autoritario y sin don de gentes» llama Guevara a Sotús. «Y difícil de avasallar». pudo haber añadido. Este fue el primer episodio del prolongado enfrentamiento entre guerrilleros y combatientes clandestinos, entre «la Sierra» y «el Llano». entre totalitarios y demócratas. Ganaron los primeros, y lo que pudo ser un proceso regenerativo de nuestra sociedad se convirtió en la peor desgracia que jamás haya golpeado a esta nación. Nadie más culpable que el Che Guevara, a no ser el propio Fidel. Cantos, poemas, estatuas: ninguna romántica simpatía podrá borrar el hecho de que la forma de organización social y política que el Che preconizara y contribuyera a implantar fue siempre despótica, inhumana e ineficaz, y que terminó por conducirnos a la catástrofe.

¿Su desinterés? Entre los que sólo se interesan por fundar tiranías y aquellos cuyo único objetivo es ganar dinero, prefiero a los segundos: son menos dañinos.

¿Su austeridad? Los que fueron sus amigos, los que piensan como él pensaba y por eso pudieron ser amigos suyos, viven hoy rodeados de lujo mientras nos hunden en la miseria.

¿Su muerte heroica? Si el heroísmo implica imponerle a los demás por la fuerza formas de vida que van contra la naturaleza humana y la modernidad...¡que el diablo se lleve a todos los héroes!

Desde Jorge Sotús, a principios de 1957, hasta Enrique Oltutski, a finales de 1958, pasando por René Ramos Latour y Faustino Pérez,

Guevara no cesa de chocar contra los hombres del clandestinaje, vale decir contra el Movimiento 26 de Julio. Una excepción, una sola: Frank País.

«(...) sus ojos mostraban enseguida al hombre poseído por una causa, con fe en la misma y además, que ese hombre era un ser superior».

¿Quien era, en realidad, este joven de 25 años del que todos hablan maravillas, incluso alguien tan parco en el elogio como el Che Guevara? El argentino, que ya empezaba a ser cubano, era no sólo parco sino también sumamente selectivo a la hora de elogiar: los de su bando eran los únicos elegibles para recibir el raro obsequio de su aprobación. Mucho ha de haberle impresionado Frank para que hablase de él como hablo. Y Ernesto Guevara no era un sujeto impresionable.

Cuatro meses después del incidente con Sotús, Frank País intenta lo que pudo ser nuestra salvación: quitarle a Fidel Castro la jefatura del movimiento insurreccional. Tal jefatura había sido reforzada por el propio Frank, que convirtió en guerrilla el grupúsculo fidelista; reforzada también por la muerte de José Antonio Echeverría, el otro gran rival, y el repliegue del Directorio Revolucionario tras la pérdida de sus mejores hombres.

En semanas recientes, un destacado opositor al régimen de Fidel Castro expresó algo así como una confusa esperanza de que fuese el propio Fidel quien encabezara el proceso de reconstrucción democrática. Treinta y cinco años atrás, alguien que era cuatro años más joven que el más joven de los opositores a la actual tiranía que ha ganado renombre, alguien que había vivido poco y aprendido mucho, comprendió que la reconstrucción de la democracia no podía realizarse bajo la jefatura de un hombre tan esencialmente destructivo y antidemocrático, y trató de detenerlo. Su plan consistía en reestructurar la jefatura del Movimiento 26 de Julio, la cual quedaría integrada por un representante de cada provincia, seis en total, mas uno que representaría al Ejército Rebelde. Seis por el Llano, o sea por todos los miembros a lo largo de la Isla, y uno por el centenar de hombres al mando de Fidel. Frank País presentó su proyecto a la dirección nacional del Movimiento. Un mes más tarde fue cercado y muerto a tiros por la policía.

El joven jefe no debió permanecer en Santiago de Cuba, una pequeña ciudad provinciana, con perdón de los susceptibles santiagueros. La Sierra, La Habana, el exilio: cualquier camino era mejor que ese que llevaba al cementerio de Santa Ifigenia. Mejor para Frank, para mi, para la mayoría absoluta y un poco más de los cubanos. No para Fidel.

Frank permaneció en Santiago, en lo que el suponía la más estricta clandestinidad, que no era, en realidad, tan estricta: el 30 de julio, siete meses después de la irrupción del Movimiento en las calles de Santiago, Vilma Espín, violando elementales normas de seguridad, sin ningún motivo que lo justificara, lo llamó por teléfono a su escondite sólo para preguntarle por que él no la había llamado. La Espín, que luego sería esposa de Raúl Castro, no podía ignorar, no ignoraba las posibilidades de detección que proporcionaba una llamada telefónica. Al rato, Frank País estaba muerto. Como los hermanos Castro, como el bilioso general Senén Casas, como el propio Che Guevara, Vilma Espín proviene de una familia adinerada; como ellos, como casi todos los burgueses pasados al proletariado, Vilma era (es) implacable.

Georgie Ann Geyer dice en *Guerrilla Prince*, un libro demoledor para el mito fidelista, que Vilma Espín estaba digamos que sentimentalmente interesada en Frank País y que tal interés no era recíproco. De mujeres despechadas y burgueses defensores de la clase obrera líbreme Dios.

La Geyer parece saber mucho más que yo sobre la muerte de Frank. El Che Guevara llegó a saberlo todo, de eso estoy seguro. Pero, por muy altos que hayan sido los valores humanos del asesinado líder del clandestinaje, era un enemigo del socialismo. Estaba mejor muerto.

No pensaban así los hombres y mujeres de la tórrida Santiago que convirtieron su entierro en duelo tan unánime como desafiante: al joven líder se le enterró con el uniforme verde olivo del Movimiento 26 de Julio, con tres estrellas en cada charretera; Fidel solo usaba una. La ciudad quedó paralizada durante varios días por una huelga general.

Pero los muertos, muertos son, por mucho que se les llore. Muerto fue también Ramos Latour un año después, el único comandante jefe de columna que murió en combate, y en los días del júbilo murió Félix Pena, el otro de los hombres de Frank que llegó a alcanzar el grado máximo, quien se suicidó en 1959, luego de presidir el tribunal militar que absolvió por falta de pruebas a unos pilotos acusados de bombardear objetivos civiles. Fidel ordenó un nuevo juicio con un nuevo tribunal cuyo fallo fue, como es natural, condenatorio, y Félix Pena se convirtió en el primer suicida de un régimen que seria pródigo en suicidios.

Nunca he comprendido a los suicidas. Aquella primera gran violación de la ley, aquel anuncio de que, en lo adelante, no habría leyes en nuestro país, era motivo suficiente para que el comandante Pena apuntase contra una cabeza y disparase. Sólo que esa cabeza nunca debió ser la suya propia.

Murieron Frank, Ramos Latour, Félix Pena. Murieron también José Antonio, Fructuoso Rodríguez, Joe Westbrook. Y murió, algo más tarde, Jorge Sotús, un hombre sin don de gentes. Para curarlo de esa carencia y quitárselo de encima, Fidel lo envió a cumplir misión en el extranjero y en el extranjero estaba cuando Batista huyó. A poco de su regreso fue encarcelado por conspirar contra los intereses del pueblo, pero logró escapar de su prisión y de la Isla, pues el socialismo aún no había materializado todas sus posibilidades.

Sotús no sólo carecía de don de gentes; tampoco tenía talento para la mecánica de motores marinos y lo demostró al morir electrocutado mientras intentaba reparar una avería en la lancha que utilizaba para lo que aquí llaman «incursiones piratas». Un hombre singular, que murió en un no menos singular accidente.

Patria o Muerte, Socialismo o Muerte, Marxismo-Leninismo o Muerte: Fidel Castro no cesa de invocar a su protectora, la que siempre le ha favorecido, aunque no es menos cierto que él, a veces, también hace lo suyo, por aquello de «ayúdate, que yo te ayudaré». Cualquier día se dejará llevar por el agradecimiento y se oirá a si mismo gritar «Viva la Muerte». como aquel loco feroz del que ya les hablé.

Volvamos a la Sierra Maestra, donde el médico argentino se destaca de manera creciente. Al crearse una segunda columna guerrillera se le nombra comandante. Es el segundo hombre de la guerrilla fidelista, cuya historia no pienso contar; no me interesan esas escaramuzas convertidas en combates ni esos combates convertidos en batallas. De lo que quiero hablar y, por supuesto, de lo que hablaré, es del ascenso continuo de Ernesto Guevara y de su influencia en la conversión del llamado Ejército Rebelde en cabeza de la rebelión e instrumento de la voluntad totalitaria de Fidel Castro.

La rebelión contra la tiranía de Batista, a la que siempre se llamó revolución, fue en realidad una lucha por recuperar la perdida democracia y purgarla de sus lacras y limitaciones. Se trataba de volver al estado de Derecho del cual era expresión y punto de partida la Constitución de 1940.

Fidel, el sobreviviente del Moncada, el sobreviviente de Alegría de Pío, el siempre sobreviviente Fidel, pensaba otra cosa. Conoció la democracia y vio que no era buena...para él. Ocho años de brega bajo los gobiernos democráticos de Grau y Prío solo le habían traído frustaciones. Era muy joven entonces pero también muy impaciente. Otros, a su edad, pensaría, ya eran o habían sido figuras de renombre nacional; Mella, Guiteras, ese Prío ahora Presidente, ese Aureliano Sánchez Arango al que tanto le gustaría romperle la crisma, ese Pardo Llada.

Pardo lo debe haber fastidiado de manera muy particular con los 80 mil votos que recibió en las elecciones de 1950. ¿Cómo lo hizo? ¿Qué méritos tenía aquel sujeto, un simple comentarista radial, para que tantos y tantos votaran por él?

Pardo Llada era su amigo (en fin, más o menos) y correligionario, pero también su bestia negra; sin embargo, la más negra de todas sus bestias era entonces Alfredo Guevara, el lánguido estudiante de Filosofía y Letras que, no obstante su languidez, ganaba las elecciones de la asociación de estudiantes de su Facultad, lo cual Fidel no podía hacer en la suya.

Él era el mejor, de eso no cabe duda, pero los cubanos no lo notaban. Cuando Fulgencio Batista derrocó al venal y cordial Prío, Fidel comenzó a comprender las causas de su fracaso: la democracia no era para él. Dieciséis meses y dieciséis días después condujo a un grupo de hombres al desastre, se las arregló para escapar y sobrevivir, y logró, al fin, quebrar la indiferencia de sus frívolos compatriotas.

Luego, a la Sierra. ¿Por qué a la Sierra? ¿Por qué no a la lucha en las ciudades? Cuando el grupo subversivo colombiano M-19, tras una larga cadena de acciones espectaculares decide trasladar a selvas y montañas el grueso de sus efectivos, alguien le preguntó a Carlos Pizarro, entonces comandante general, por qué pasaban a la guerrilla. «Para sobrevivir». contestó Pizarro. Fidel no necesitó un largo período de lucha urbana para saber donde estaba la supervivencia. Y no lo necesitó porque la supervivencia siempre fue para él objetivo primario; la suya, no la de la organización, que era a la que se refería el ya difunto Carlos Pizarro. Solo los que sobreviven gobiernan.

Yo, que quería luchar pero temía a la tortura y a la vida de animal acosado de los combatientes clandestinos, decidí ir directamente a la guerrilla y por eso fui a México y me enrolé en una expedición; por suerte, pienso ahora, o por desgracia, como pensé entonces, estuvo peor dirigida aún que la del *Granma* pues ni siquiera llego a partir. Lo importante es que tanto Fidel como yo rechazamos asumir los riesgos de la lucha urbana, con la diferencia de que él era un jefe y yo no, y que él convierte su obsesión por la supervivencia en mérito, lo cual yo no hago. El quería sobrevivir a toda costa; yo, poder dormir tranquilo después de la pelea y tener la seguridad de no caer en manos de torturadores.

Muy distintas a las de Fidel y a las mías, eran las motivaciones de Guevara. El quería luchar por la causa de los pobres, los oprimidos, los humillados. Luchó donde encontró un lugar para luchar y si convirtió a la guerrilla en Jordán purificador fue porque los que combatían en las ciudades no lo hacían por la revolución, por una sociedad nueva, sino por la recuperación de lo que habían perdido. Sus teorías sobre el foco guerrillero comenzaron a tomar cuerpo respondiendo a una necesidad política inmediata. Luego vino la conversión de la necesidad en verdad mas o menos absoluta, impulsada en no poca medida por una arrogancia que sólo puedo (o sólo quiero) calificar de descomunal.

Así, la teoría del foco guerrillero como factor fundamental de la revolución, de las revoluciones, fue concebida por un hombre que nunca conoció la lucha clandestina en las ciudades y otro que se negó a conocerla por considerarla excesivamente peligrosa para su persona.

Miras egoístas las de Fidel, el más egoísta de los hombres. Miras altruistas las del Che, de eso no tengo dudas. Ahora bien, y no temo repetirme, si el altruismo produce siempre los resultados que a mí y a mi patria nos ha tocado sufrir, ¡cargue Satanás con todo el que pueda recoger y lléveselo al infierno!

El che Guevara era perfectamente capaz de mentir, o al menos, de presentar la verdad desde un punto de vista absolutamente parcial cuando lo creía necesario. «Un puñado de hombres:» así llama al refuerzo enviado por Frank País. Y un puñado eran...pero doblaban en numero a los sobrevivientes del *Granma*. «Las armas traídas por los nuevos incorporados no eran, de manera alguna, extraordinarias». Cierto; no lo eran. Tampoco las que llegaron en el calamitoso yate, perdidas casi todas ellas. «Un arrocero de la zona»: con esas palabras define a Húber Matos tratando de presentarlo como un terrateniente, lo cual no era en absoluto, y agrega que éste llegaría a la Sierra «convertido en héroe». Matos no llegó convertido en héroe; simplemente llegó. Criticará a Felipe Pazos por haber sido colaborador de Prío, pero se guardará de usar la misma crítica contra Raúl Roa, que también lo fue. En fin, que Ernesto Guevara no tenía a mal mentir cuando lo consideraba beneficioso para su santa causa. Sin embargo, se me hace difícil llamarlo mentiroso.

Mentiroso era Batista. Mentiroso es Fidel, aunque espero que no siga siéndolo por mucho tiempo. La diferencia entre éstos estriba en que el Comandante inventa sus mentiras solo para consumo ajeno mientras que el General creía, a veces, en las suyas.

Calificar de tonto a Fulgencio Batista me parece reñido con la realidad. Era muy astuto ese mulato pobre e ignorante que llegó a millonario aunque dejó de trabajar desde su adolescencia, a general aunque era incapaz de mandar a una compañía sin que los soldados tropezaran entre si, a Presidente sin haber sido jamás popular, a «hombre fuerte» sin tener coraje. Astuto era, sin duda, pero en sus relaciones con Fidel Castro se comportó siempre con sorprendente estupidez. Una sola vez se vieron, cuando Fidel acudió a la residencia campestre del entonces senador y ya conspirador, visita cuyos objetivos no alcanzo a comprender, pero que demuestra que el Comandante es capaz de dialogar con cualquiera si considera que le conviene. Batista, por su parte, era capaz de entenderse con los que la jerga política de la época llamaba «muchachos de gatillo alegre»; luego se entendería muy bien con Rolando Masferrer, colega y rival de Fidel. Con éste no se entendió, pero al menos pudiera haberse dado cuenta de que era un sujeto de mucho cuidado; hubiese sido mejor para todos.

Por cierto, cuando digo que Fidel y Rolando eran colegas, no quiero decir que ambos fueran *gansters*. Lejos de mí tal intención. Me refiero a que los dos eran abogados. Aunque debo señalar algunas pequeñas diferencias: Rolando se graduó *Summa Cum Laude* y no le temía a nadie; Fidel fue un estudiante mediocre y siempre tuvo miedo del terrible holguinero.

Hecha tan importante aclaración, volvamos a Fulgencio Batista y su extraña conducta para con Fidel. Cuando se enfrentaron a menos de dos años de la entrevista en la finca Kuquine, Batista eslabonó una casi increíble cadena de errores: convirtió el *putsch* del Moncada en acción de ribetes heroicos al ordenar el asesinato de los asaltantes detenidos; puso la eliminación de Fidel en manos del coronel del Río Chaviano, cuya incompetencia conocía desde el golpe del 10 de Marzo; amnistió al jefe rebelde tras solo 22 meses de prisión. Por último (es un decir), decidió que Fidel había muerto en la matanza de Alegría de Pío y actuó como si en realidad muerto estuviera, absteniéndose de ordenar la persecución de los fugitivos.

No cuestiono en modo alguno lo beneficiosa que pudo ser para el país la muerte de Fidel Castro pero, aunque los fatalistas afirman que lo que sucede conviene, lo cierto es que lo que conviene no siempre sucede, y resulta peligroso y poco sensato confundir nuestros deseos con la realidad.

Ni siquiera la entrevista realizada por Herbert Matthews, ilustrada con una fotografía que recorrió el mundo, pudo sacar a Batista de ese mundo irreal en el que Fidel no era más que un cadáver de paradero desconocido. Sólo después del ataque y toma del cuartel de El Uvero por la bien reforzada guerrilla, ocurrido el 28 de mayo, fue que el dictador de entonces despertó de su sueño edénico y ordenó una acción militar en serio. Habían pasado casi seis meses desde la muerte del dictador de ahora.

Estos acontecimientos, unidos a las sucesivas muertes que le allanaron el camino, fueron, sin duda, los que sembraron en la mente de Fidel Castro esa inquebrantable fe en su buena suerte que le lleva a empeñarse en mantener su tiranía contra toda esperanza razonable. Batista tampoco tuvo motivos para quejarse de la suerte.... hasta que la voluble dama lo abandonó.

En fin, que el sargento general despertó de su sueño y envió contra la guerrilla fidelista una tropa de cierta magnitud bajo el mando de su único hombre de guerra, entendiéndose por tal a un oficial capaz de hacer que los soldados combatan. Era el único, aunque Batista no lo sabía; nadie podía saberlo entonces. Angel Sánchez Mosquera, antiguo profesor de la Escuela de Cadetes de Managua, competente, feroz y batallador, penetró en la Sierra y dirigió su belicosa atención precisamente contra la nueva columna guerrillera encomendada al Che Guevara, quien hubo de enfrentar su implacable acoso durante muchos meses. No demasiados. Este angel exterminador fue herido en la cabeza y quedó convertido en un minusválido. Quienes ocuparon su lugar fueron también feroces, pero no competentes ni batalladores.

«A mi izquierda, las fuerzas de Sánchez Mosquera, después de disparar algunos obuses de mortero, subieron la loma en medio de un griterío descomunal» escribe Ernesto Guevara. «(...) la grita mas espantable que imaginarse pueda». escribe Hernán Cortés. Desde la Edad de Piedra, desde siempre, los hombres han gritado para reforzar su valor cuando cargan a la descubierta contra sus enemigos. El soldado acobardado no grita; gritar es, para el que siente miedo, atraer sobre si la atención de aquellos a quienes teme. Un disparo afortunado, uno sólo; los soldados de Batista no volverían a gritar.

Enfrentado a una tropa desmoralizada y sin disposición combativa, mandada de la manera mas cobarde e inepta, y golpeada en sus necesidades por la corrupción de los altos mandos, el Ejército Rebelde comenzó a crecer. Sánchez Mosquera, según el Che, «el más bravo (me pregunto si hubo algún otro que lo fuera), el más asesino» de los oficiales batistianos, sufría junto a sus soldados las penalidades de la vida de campaña. Sólo el coronel Fermín Cowley pasó por trances similares durante una incursión en la Sierra Cristal.

De todos modos, no hubiera podido sustituir a Sánchez Mosquera porque, mucho antes de la eliminación de este, fue muerto a tiros en Holguín: el arrogante Cowley andaba despreocupadamente por la ciudad empeñado en demostrar que entre los holguineros no había hombre capaz de matarlo; y si lo había.

El oficial más representativo de aquel ejército de pacotilla fue, en mi opinión, el coronel Pedro Barreras, alto y corpulento mulato, con un porte militar comparable al de Maceo, que llegó a las estribaciones de la Sierra al mando de una tropa que se suponía de élite. Mucho ruido y ni una maldita nuez; para llegar a los nogales había que ir más allá de las estribaciones. Con impresionantes portes militares no se ganan las guerras.

Un día de septiembre de 1957, un ómnibus que viajaba de Holguín a Santiago de Cuba fue detenido por una patrulla militar. Un soldado subió al ómnibus para revisar los equipajes de mano y en eso estaba cuando se topó con unos ojos que lo miraban atentamente. Los demás pasajeros eran personas de aspecto inofensivo, pero el dueño de los ojos escrutadores era distinto. Joven, bien vestido: un estudiante; con toda seguridad un revolucionario, que, también con toda seguridad, ocultaba una pistola bajo la guayabera de hilo, pistola que, y seguimos con las seguridades, sacaría y dispararía sin darle tiempo siquiera de invocar a su mamá. Durante unos instantes el soldado permaneció paralizado por el terror; luego dio la espalda a aquellos ojos llenos de amenazas y salió a toda prisa del ómnibus, que se puso inmediatamente en marcha. Yo no llevaba pistola alguna y en mis ojos no había amenaza, sino lástima. Era un niño, aún visto desde mis veinte años; pequeño, rubio, lampiño; parecía un pastorcito de esos que aparecen en los cromos, a pesar del casco, del uniforme y del fusil Garand, que lucía enorme en sus manos infantiles. Con soldados como aquel y coroneles como Pedro Barreras....ni Napoleón.

En aquel verano de 1957, el Dr. Guevara, ya comandante, tuvo su primer disgusto con Fidel Castro. Sucedió que llegaron a la Sierra Maestra Felipe Pazos, que había sido Presidente del Banco Nacional en el gobierno de Prío, y Raúl Chibás, designado por los líderes del Partido Ortodoxo como cabeza de la organización en un intento por superar sus rencillas. Producto del encuentro entre las dos personalidades civiles y el jefe de la guerrilla surgió un manifiesto fechado el 12 de julio que todos los oposicionistas cubanos, de Jorge Más Canosa a Húber Matos, de Nazario Sargén a Carlos Alberto Montaner, de Gustavo Arcos a Roberto Luque (mas conocido por Luque Escalona), estaríamos dispuesto a suscribir. Lo suscribiríamos, si señor, y ello sería motivo para que Fidel Castro nos calificara, otra vez y ya son miles, de contrarrevolucionarios y agentes de la CIA, porque si lo propuesto en ese documento se pusiera en práctica, Fidel y su gobierno totalitario se marcharían al infierno sin boleto de regreso.

«Esta declaración para nosotros no era más que un pequeño alto en el camino...» escribió el Che Guevara, y tuvo razón. No fue más que eso. El Che, hombre poco inclinado a subterfugios y componendas, se irritó en grado sumo por el tono inequívocamente democrático del documento. Sin embargo, el taimado Fidel no tenía muchas opciones: hacía apenas unos días que el altamente peligroso Frank País había propuesto la reforma en la dirección del Movimiento 26 de Julio que hubiese puesto a la guerrilla en lo que debió ser su lugar. Muerto Frank 18 días después, el panorama comenzó a despejarse. En diciembre, Fidel y sus hombres eran lo suficientemente fuertes como para imponer como presidente provisional al ex-magistrado Manuel Urrutia, a quien consideraban fácilmente manipulable. No lo fue, pero menos lo hubiera sido, con toda seguridad, Felipe Pazos.

El Che se disculpó de su desacuerdo en su carta de despedida, leída por Fidel ante el Primer Congreso del Partido Comunista de Cuba. En el verano de 1957 y en *Pasajes de la Guerra Revolucionaria* descargaría su mal humor en Pazos, al que, ya en la Era de Castro, sustituiría en la presidencia del Banco Nacional con las consecuencias que pueden suponerse y que yo no necesito suponer porque las he padecido.

En *Pasajes*... Guevara llama «cavernícolas» al brillante economista y al apacible Raúl Chibás y reprocha al primero no haber denunciado «los atropellos inconcebibles de aquella época». refiriéndose a los años del gobierno de Prío. ¿Qué atropellos inconcebibles, por Cristo y la Virgen? ¿De qué sombrero sacó ese conejo impostor? Carlos Prío fue un gobernante absolutamente deshonesto en cuanto a su manejo de los fondos públicos... y absolutamente democrático en lo que se refiere a su respeto por las libertades y por la voluntad popular expresada a través de elecciones libres, esas competencias que a los comunistas se les hace tan difícil ganar.

Muy distinta era su visión de otros políticos cubanos, los dirigentes del Partido Socialista Popular, a quienes atribuía virtudes aún en los raros momentos en que consideraba inevitable criticarlos. En lo que llama «una discusión fraterna» le dice a uno de estos, supongo que Carlos Rafael Rodríguez: «Ustedes son capases de crear cuadros que se dejen despedazar en la oscuridad de un calabozo sin decir una palabra, pero no de formar cuadros que tomen por asalto un nido de ametralladora».

Atropellos inconcebibles en tiempos de Prío, comunistas despedazados en calabozos oscuros: como todos los fanáticos, el Che Guevara se inventaba una realidad a la medida de su santa causa.

Entretanto, la materialización de la santa causa, algo así como el Verbo revolucionario hecho Carne guerrillera, el Ejército Rebelde, comenzó a crecer; a crecer y a extenderse. A la columna original se sumó la del Che, primer comandante con mando independiente, quien se dedicó no solo al hostigamiento de las tropas gubernamentales, sino también a la propaganda: el Che resucitó a *El Cubano Libre*, periódico editado antaño por los independentistas, y fundo *Radio Rebelde*, emisora de onda corta de estilo solemne y tendencia a la exageración, para decirlo de la manera mas caritativa posible.

El Ejército Rebelde creció, luego se extendió: Raúl Castro fue enviado al Noreste de la provincia para fundar un segundo frente al que se le puso por nombre «Frank País» y en el que se agruparon algunas de las figuras más opuestas, espiritual e ideológicamente hablando, al mártir santiaguero, gente realmente siniestra como José

Ramón Machado Ventura, Manuel Piñeiro (*Barba Roja*) y Juan Escalona. Allí comenzó también la participación abierta en la guerrilla de personajes provenientes del Partido Socialista Popular, entre ellos Pepe Ramírez, el propio Escalona y Antonio Pérez, extraño espécimen de comunista holguinero con nombre de cortesano intrigante. Esto no ocurría en el frente original, el de la Sierra Maestra. «Dejad que los comunistas vengan a mi —parecía decir Fidel—, pero que no se acerquen demasiado...por ahora». En aquel entonces, Fidel afirmaba una y otra vez que no era comunista, no sin provocar cierto disgusto en el Che, hombre poco dado a la simulación.

(Un paréntesis genealógico: creo que es el momento de aclarar que no tengo el menor nexo de familia con el general y doctor Juan Escalona. No somos ni parientes lejanos. No, señor. Con el primo Dermidio ya tengo bastante).

Las cosas iban bien para Fidel y pronto irían mejor. Mientras Raúl Castro fundaba el segundo frente con sus siniestros y sus izquierdistas, y aumentaba la nombradía del Che Guevara y nacía la de Camilo Cienfuegos, y Juan Almeida se trasladaba al este de la Sierra para fundar un tercer frente....

Hablemos un poco de Almeida, personaje interesante no por sí mismo, sino por el uso que le ha dado Fidel. Hombre valiente y cordial, no parece tomar ninguna otra cualidad relevante, aunque no son poca cosa la valentía y la cordialidad. Aficionado al arte, compone canciones banales pero no atormentantes y unos poemas espantosos que publicaba con regularidad en la revista *Bohemia*, extraña muestra de crueldad en un hombre al parecer tan amigable. Sumamente prolífico, ha procreado doce hijos con ocho mujeres y compuesto cientos de canciones, guarachas, mozambiques y boleros; en fin, quizás no sean cientos, pero a veces me parecen miles porque es el compositor más interpretado de la era castrista, fenómeno que sociólogos e historiadores sin duda analizarán en el futuro. Y lo más importante, al menos para Fidel: es negro.

La actitud de la población negra y mulata en la lucha contra la tiranía de Batista no fue de total abstención como en tiempos de Machado, pero tampoco se acercó siquiera a la que tuvieron en las guerras de independencia. Quizás se hacían sentir aún los efectos paralizantes de la matanza de los Independientes de Color en 1913 y sin duda influía el hecho de que Batista fuese mulato. Lo cierto es que los negros no abundaban entre los que combatían contra él.

Fidel conoce a la perfección la fuerza del resentimiento porque el mismo es un resentido. Es ese el único lazo que lo une con la población negra y mulata, el sector de la nación cubana que ha sufrido mas humillaciones. Pero él es blanco; necesitaba al menos un negro en su círculo íntimo, y ese fue, y aun es, Juan Almeida, el único de los hombres del Moncada y el *Granma* que forma parte del Buró Político. Fidel buscó lo que antaño se llamaba «un negro bueno» y lo encontró en Almeida. Esa representatividad le ha servido para vivir como un magnate durante 33 años a quien era un joven albañil antes de asaltar al Moncada, lo cual me molesta a mi, pero no a los negros albañiles. A los argentinos pobres no les molestaba en absoluto el lujo que exhibía Evita Perón, que había sido pobre como ellos.

Ahora que hablo de los argentinos recuerdo que este libro es sobre el Che Guevara, de modo que volvamos al Che, un hombre del que no puedo decir que manipulase los sentimientos de los pobres y los humillados con fines personales. Otras son sus culpas, y una de las mayores es el papel que representó en la destrucción del Movimiento 26 de Julio.

Aquella organización tan promisoria, a pesar de la pérdida de su más destacada figura, había tenido un brillante desempeño bajo la dirección de Faustino Pérez, sobre todo en La Habana, única ciudad del país que, por su magnitud, era apropiada para la lucha clandestina.

En alguna parte he escrito que Faustino fue, junto a Raúl Sendic, el más notable jefe de guerrilla urbana de América. Debo confesar que exageré, llevado no por ningún nacionalismo mal entendido, sino por mi perenne deseo de incordiar a Fidel. El puesto a la vera de Sendic le corresponde, en justicia, a los jefes del M-19, y quizás en menor medida, a los de Montoneros. Pero Faustino era muy eficaz, no cabe duda, y creo que hubiese estado entre los más grandes de haber combatido durante mayor tiempo y, sobre todo, de haber tenido condiciones para el liderato político.

Durante 15 meses, Faustino y los hombres bajo su mando fueron de éxito en éxito, mientras Ramos Latour, sustituto de Frank en Santiago de Cuba, se ocupaba de abastecer a la guerrilla serrana con similar eficacia. En abril, el 9 de abril, unos días después de la fundación del segundo frente guerrillero, el Movimiento convocó a una huelga general con apoyo de acciones armadas que fue un completo fracaso. El primer fracaso de Faustino Pérez sería también el último.

A diferencia del Ejército Rebelde, en el Movimiento 26 de Julio había pocos comunistas, ya fuesen declarados como el Che, enmascarados como Raúl Castro o emboscados como Fidel. Por el contrario, la hostilidad hacia el Partido Socialista Popular era muy fuerte y tenía su base en el apoyo de los discípulos de Marx al anterior gobierno de quien ellos llamaban, locos de entusiasmo, el General Batista. La huelga del 9 de abril fracaso por diversas razones, y una de ellas fue la oposición de los comunistas, que difícilmente hubieran ganado unas elecciones sindicales pero que conservaban cierta influencia entre los obreros.

La suerte ha favorecido muchas veces a Fidel pero hay que reconocer que ha sabido aprovecharla. Siempre alerta, no esperó un segundo fracaso de los hombres del Llano y, secundado con feroz energía por el Che, presentó al 9 de abril como toda una catástrofe. El, que condujo a la muerte a la tercera parte de los participantes en el asalto al Moncada y a la mitad de los expedicionarios del *Granma*. Guevara había sido testigo y casi víctima de la segunda de esas exhibiciones de incompetencia pero en aquel día del mes de mayo la verdad no significaba nada para él; no le importaba que la fracasada huelga hubiese sido una derrota de mucho menor magnitud que las del Moncada y Alegría de Pío; sólo quería someter al Movimiento, al Llano. Y lo consiguió. Lo consiguieron. «La concepción guerrillera saldría de allí triunfante, consolidado el prestigio y la autoridad de Fidel y nombrado Comandante en Jefe de todas las fuerzas incluidas las de la milicia —que hasta esos momentos estaban supeditadas a la Dirección del Llano— y Secretario General del Movimiento». Son palabras del Che, tomadas de *Pasajes de la guerra revolucionaria*.

Tres de mayo de 1958. Ese día, más bien la madrugada del día 4, nació el totalitarismo militarista en Cuba. Sus fundadores: Fidel Castro Ruz y Ernesto Guevara de la Serna.

En Faustino y el Che, en éstos dos médicos que apenas ejercieron la medicina, se encarnaban las dos tendencias que luchaban en el seno de la insurgencia cubana. Fidel los utilizaría a ambos, cada uno a su momento.

«Nothing personal. It's only business». decían los Corleone. Tampoco en este caso hubo nada personal. «(...) debe aclararse el alto concepto que siempre nos mereció quien en un momento dado fuera nuestro adversario dentro del Movimiento», escribe el Che. Faustino siempre fue considerado un compañero honesto a carta cabal y arriesgado hasta el extremo. De su arrojo tengo pruebas presenciales, (...) de su calidad revolucionaria da cuenta toda su trayectoria». No se trataba de destruir al hombre, sino a lo que éste representaba. Exactamente lo mismo que pretendo hacer yo con Ernesto Guevara. *Nothing personal. It's only politics.*

El 25 de mayo el ejército, lanzó una ofensiva en forma contra la guerrilla, según el Che, como consecuencia del 9 de abril. «Después de esta fecha trágica —dice— el gobierno pudo sacar tropas e ir poniéndolas gradualmente en Oriente». lo cual implica aceptar que esas tropas estaban paralizadas en La Habana y otras ciudades por las acciones de los hombres del Llano. Ya no lo estaban ni volverían a estarlo porque los sustitutos de Faustino y Ramos Latour nunca pudieran igualar las acciones de éstos... ni nadie les pidió que lo intentaran.

Para Sánchez Mosquera, ya coronel, pronto fuera de combate, tampoco habría sustitutos eficaces. Nunca tuvo mas de tres compañías bajo su mando; ahora enviaban diez mil hombres pero sin un jefe que mereciera tal denominación. Parecen muchos; son pocos si se les compara con los cincuenta mil que Fidel dislocó en el Escambray cuando el apogeo de la guerrilla anticomunista. Y su jefe de operaciones, el general Eulogio Cantillo, estaba ya en tratos secretos con Fidel.

El Che narra el ataque de aquellos miles de hombres al poblado de Las Mercedes, puesto avanzado del Ejército Rebelde. En aquellos tiempos, la Sierra Maestra era un lugar remoto para la mayoría de los cubanos, muy pocos de los cuales la conocían. Eran unas montañas de buen aspecto que se divisaban cuando uno se acercaba a Bayamo. Unas montañas muy lejanas.

Hoy no es así. Yo estuve en Las Mercedes. Es una aldea situada en las primeras estribaciones de la Sierra, comunicada ya desde entonces por un camino perfectamente transitable para camiones y, por supuesto, para los tanques. Allí comienzan las primeras elevaciones de cierta altura, pero hay que andar un buen trecho Sierra adentro para encontrar una que merezca el nombre de montaña: La Vela, donde, si la memoria no me falla, vi por primera vez a la muchacha madre de mi descendencia. La toma del muy accesible lugarejo, defendido por 200 hombres, le llevó dos días de brega al desmoralizado ejército de Fulgencio Batista.

No fue mucho más allá y diez semanas más tarde se replegaba dejando regiamente equipada a la guerrilla fidelista. René Ramos Latour murió cuando perseguía a la tropa en retirada.

Mientras, Húber Matos, llegado en avión a la Sierra en el fatídico mes de abril, escapaba, no sé cómo, al implacable escrutinio de Fidel y el Che, y ascendía rápidamente en la escala de mandos. Se le envió, como jefe de columna, a reforzar el frente que encabezaba el corajudo, cordial y no muy competente Almeida, y pronto comenzó a incursionar en las cercanías de Santiago de Cuba.

Las grandes figuras independentistas han sido utilizadas de la manera mas burda e irrespetuosa por Fidel Castro. La muerte es una suma de inconvenientes y uno de los peores es la indefensión. Así, el difunto y por tanto indefenso Martí no pudo evitar que Fidel lo señalara en 1953 como autor intelectual del *putsch* del Moncada y le atribuyera luego la paternidad de la doctrina totalitaria del partido único. A fines del verano de 1958 les tocó el turno a Gómez y Maceo: con las armas abandonadas en su huida por los hombres de Cantillo, el Ejército Rebelde estaba listo para lo que su jefe llamó «la invasión».

En el fin de siglo anterior, el gobierno español puso todo su empeño en mantener bajo su dominio a «la perla azul del Mar de las Antillas». como llamó a la Isla Rafael Alberti en abierta competencia con Cristóbal Colón. A tales fines envió a Cuba un ejército que podemos llamar enorme si se tiene en cuenta el tamaño de nuestro país y su población de entonces. Los soldados que lo formaban ya no eran aquellos poco menos que invencibles de cuando el morrión y el arcabuz, pero eran capases de soportar malandanzas sin entristecerse demasiado y de pelear a la hora que les tocase. Entre sus generales no había ningún Gran Capitán, pero compararlos con Tabernilla, Cantillo y demás gandules batistianos solo puede calificarse de ridículo.

Fue un ejército lo que enfrentaron Máximo Gómez y Antonio Maceo en su marcha hacia Occidente. Camilo Cienfuegos y Che Guevara recorrieron a pie cientos de kilómetros pasando a través de una gran banda armada incapaz de usar sus armas, totalmente desmoralizada y en proceso de desintegración, cuyos miembros, sobre todo los soldados y oficiales subalternos, comenzaban a hacerse a si mismos la pregunta de los que saben que no pueden vencer y no tienen a donde huir, la que se hacen hoy muchos oficiales de Fidel Castro: ¿Qué sera de nosotros?

El destino del Che era el Escambray, macizo montañoso del centro de la Isla, menos elevado que la Sierra Maestra pero sumamente abrupto y abundante en cuevas, a la vista de la importante ciudad de Cienfuegos y relativamente cercano a Santa Clara, la capital provincial. En el Escambray operaban ya desde hacía meses otras dos guerrillas, la del Directorio Revolucionario, comandado por Faure Chaumont (que luego, no sé por qué, se convirtió en Chomón) y el Segundo Frente Nacional Escambray, cuyo jefe era Eloy Gutiérrez Menoyo. He ahí dos personajes de muy disímil destino, a quienes sólo une el hecho de haber sido jóvenes políticos (políticos armados) de brillante futuro, futuro que no se materializó por haber chocado ambos con Fidel. El Che llevaba la misión de someterlos a su autoridad, que era la del Comandante en Jefe, en una nuestra de la voluntad totalitaria de la que era brazo ejecutor el Ejército Rebelde.

A Camilo Cienfuegos se le dio una misión aún mas ardua: debía llegar hasta Pinar del Río, como antaño llegara Maceo. La provincia de La Habana tiene apenas 80 kilómetros de ancho de costa a costa, es casi totalmente llana y esta densamente poblada. Atravesarla con menos de 200 hombres ligeramente armados, que debían enfrentar con toda seguridad a unidades de tanques en terreno favorable para éstos y a menos de una hora de la capital, todo ello bajo el acoso de la aviación, demuestra la extraordinaria audacia de Fidel Castro. Fidel, como el Pichi de *Las Leandras*, no repara en sacrificios; llevado por su temeridad es capaz de ordenar la ejecución de cualquier tarea, por difícil y riesgosa que ésta pueda parecer.

A finales de agosto, el Che y Camilo bajan de la Sierra y se encaminan a sus respectivos destinos. Cruzan el río Cauto, henchido por las aguas de un temporal, luego el pequeño Jobabo y ya están en Camagüey, en el Camagüey, como se le llamaba en tiempos de Gómez y Maceo. A la derecha se extienden las planicies; a la izquierda está, otra vez, el manglar infecto que los recibió a su llegada a Cuba. El Che, a quien no le gusta repetirse, los llama ahora «pantanos pestilentes» y «ciénagas inhóspitas».

Esta marcha de casi 600 kilómetros fue, sin lugar a dudas, una hazaña de fortaleza física y espiritual; de resistencia ante el hambre, la fatiga y las penalidades impuestas por una de las pocas regiones hostiles al hombre en este país amable. Es eso y todo lo que ustedes quieran menos una proeza militar.

Los invito a leer la narración del Che sobre el tema y a buscar allí muertos y heridos en combate. No será un sacrificio esa lectura; Guevara escribía bien.

Llegaron por fin al Escambray el Che y sus hombres, mientras Camilo se dirigía con los suyos a la costa norte. Guevara puso enseguida manos a la obra, y la obra era imponer su autoridad, que era la de Fidel. Chaumont y Rolando Cubelas, los jefes del diezmado Directorio, se plegaron a ella, comenzando así a labrar su futura ruina. Gutiérrez Menoyo se le enfrentó, comenzando así a labrar su futura ruina. Por lo visto, es cosa difícil tratar con comunistas sin resultar arruinado.

El argentino estaba allí para mandar sobre todo y sobre todos, lo cual incluía, como es natural, a los hombres del Llano, a los hombres y mujeres del sometido Movimiento 26 de Julio. El sometimiento no era absoluto: Enrique Oltutski, un joven ingeniero judío, jefe del

Movimiento en Las Villas, reaccionó airadamente ante la orden del Che de asaltar bancos en busca de fondos para la lucha.

Sin embargo, no sería extraño que quien propuso la participación de entidades oficiales cubanas en el narcotráfico utilizara como justificación moral las ideas del Che acerca de los bancos. Hay límites sutiles, tenues, más allá de los cuales se extienden mundos sórdidos en los que no se entra impunemente, de los que no se retorna con facilidad. Además, la importancia de un límite tiene poco que ver con lo difícil o fácil que resulte atravesarlo. El Rubicón era sólo un arroyo.

El Che tronó y amenazó pero, Enrique Oltutski se salió con la suya y los asaltos a bancos por revolucionarios tuvieron que esperar el advenimiento de los Tupamaros. Pequeñas victorias no cambian el curso de los acontecimientos y pueden incluso, como en este caso, llegar a ser contraproducentes. Al salvar a los bancos de las manos irreverentes del Che Guevara, los iracundos militantes del Llano villareño contribuyeron a mantener en su sitio la máscara que cubría el verdadero rostro de la revolución fidelista.

Debo señalar que Oltutski, a pesar de las discrepancias que los separaban, mostró siempre gran afecto y admiración por Guevara, sentimientos al parecer no correspondidos. Al joven argentino de clase media (frase utilizada por su paisano Jorge Ricardo Masetti para describirlo) no parecían gustarle los jóvenes cubanos de clase media.

No sé si serán interesantes, pero a mí me interesan mucho las preferencias del Che Guevara en lo que a seres humanos se refiere. Considero significativo que sus compañeros favoritos fuesen todos de características similares. Camilo Cienfuegos, Roberto Rodríguez (*El Vaquerito*), Joel Iglesias y Eliseo Reyes (*San Luis*) eran, todos, hombres de gran coraje y escasa cultura; también Alberto Fernández, incorporado en Las Villas.

A Fernández, llamado por todos Pachungo, lo conocí en México, en un apartamento-cuartel del Movimiento. Era un muchacho alegre, muy conversador, con una cierta inclinación a la brabuconería de la que habla el Che en su *Diario* boliviano y que a mí siempre me pareció dirigida a ocultar un corazón blando para la amistad. Maestro normalista, había abandonado las aulas para irse a trabajar de obrero a Newark, New Jersey. Llegamos a ser muy amigos y yo lo consideraba una agradable compañía, pero a veces me sacaba de quicio con su simpleza y cortedad de miras. Parecía valiente y como tal se comportó en su breve desempeño guerrero; tanto, que el Che lo ascendió directamente de soldado a capitán.

Así, supongo, y motivos tengo para suponerlo, eran los otros cuatro: hombres valientes y simples. Lo primero es inobjetable; en la guerra, ninguna cualidad mayor que el valor físico. Lo que no alcanzo a comprender es el aprecio que demostraba el Che por la simpleza.

¿Qué ha sido de estos hombres, los favoritos del Che Guevara? Camilo Cienfuegos desapareció de la manera más radical y absoluta que se pueda concebir; *El Vaquerito* murió durante el asalto a Santa Clara; *San Luis*, de cuyo valor mucho se ha hablado, de cuya crueldad se hablará algún día, murió en Bolivia; también en Bolivia, en el combate final junto a su indefenso jefe, murió el alegre Pachungo. Joel Iglesias, quien no ha cumplido aún los cincuenta años, es el único que sobrevive, aunque no del todo: la última vez que supe de él era asiduo parroquiano del bar San Juan, de Infanta y 25, uno de los santos lugares de los borrachos habaneros.

Debo hablar aún del *Vaquerito*, un muchacho campesino recién salido de la adolescencia, que un día llegó a la Sierra Maestra desde el lejano Morón. Era uno de esos guajiros que no conocen el miedo. Rectifico: era uno de aquellos guajiros que no conocían el miedo. De pequeña estatura y pies diminutos, y no sólo diminutos sino también descalzos, no había botas que le sirvieran, por lo que Celia Sánchez le regalo unas suyas, repujadas. «Con aquellas botas y un sombrero de ala ancha parecía un vaquero mexicano» y de allí nació el nombre de *El Vaquerito*», escribe el Che.

Miente. La frase «vaquero mexicano» no existe en el léxico de nuestro país... ni tampoco en el del suyo propio. A los mexicanos que se dedican a la ganadería se les llama charros. No porque todos lo sean; no lo son, por ejemplo los de Chihuahua. Pero esa es la palabra que los propios mexicanos han lanzado al mundo a través del cine y las canciones. Vaqueros son, para nosotros los del Oeste norteamericano. Por otra parte, Roberto Rodríguez era rubio, detalle en modo alguno identificado con le mexicanidad. En suma, que con sus botas repujadas, su sombrero alón y su rubia melena, el joven guajiro parecía un *cowboy*, un vaquero del Oeste, y por eso y por su pequeña estatura, sus compañeros le apodaron *El Vaquerito*.

Y bien, ¿a quién le importa esto? A mí. Esa historia del vaquero mexicano parece una tontería, es cierto, pero un hombre inteligente no habla y mucho menos escribe tonterías a menos que este motivado por el amor o por el odio. En este caso se trata, por supuesto, del odio. El Che Guevara no quiere que su pequeño y pintoresco capitán parezca un *cowboy* y escribe una historia tonta para borrar ese detalle irrelevante pero desagradable para él. Así de grande era su odio por los norteamericanos. Pequeños detalles ilustran grandes sentimientos.

El pequeño capitán murió en el último combate de aquella pequeña guerra. Tomada Santa Clara, cortadas las comunicaciones entre el Oriente y el Occidente de la Isla, amenazada Santiago de Cuba por la columna de Húber Matos y las plantas de níquel de la costa norte oriental por los hombres de Raúl Castro, Batista decidió que ya tenía bastante. Seis meses atrás, aquellos con quien el Che Guevara podía discutir fraternalmente hicieron circular entre los suyos un análisis profundo y medular en el que demostraban que la lucha armada había fracasado. Los profundamente equivocados analistas fueron Blas Roca y Juan Marinello.

También se equivocó el general Eulogio Cantillo, en tratos con Fidel desde hacía meses, cuando pensó que podía superar a su entonces joven rival en materia de engaños.

Ingenua criatura este general. Ante el intento de escamotearle el poder, Fidel reacciona con furiosa energía y ordena una ofensiva en todos los frentes. Avanzan Almeida y Matos, Raúl Castro y Ameijeiras, Camilo Cienfuegos y el Che. Avanzan todos, hasta el propio Fidel, que ha perdido la costumbre de avanzar, si es que alguna vez la tuvo.

No hay lucha. El ejército simplemente se desintegra. Los jerarcas de la tiranía huyen, menos aquellos que no consiguen en qué huir y Cantillo el Ingenuo, que pasará diez años en la cárcel por intentar bailar en casa de trompo.

Guevara y Cienfuegos marchan, sin detenerse, sobre La Habana. No hacen entradas triunfales; sólo entran. Entran y ocupan las dos principales instalaciones militares. Antes de partir hacia la capital, el Che ordena la ejecución del coronel Joaquín Casillas, jefe del regimiento de Santa Clara. Años atrás, durante el gobierno de Grau, el entonces capitán Casillas, había matado a tiros (según él, en defensa propia) al parlamentario comunista Jesús Menéndez. Casillas fue juzgado y absuelto, pero Guevara decidió que el veredicto había sido injusto, dictó el suyo propio y condenó a muerte al oficial. Sería la primera de una larga serie de ejecuciones que acostumbrarían a los cubanos a considerar la muerte ajena como un evento de poca importancia.

Desde los parapetos de La Cabaña, la enorme fortaleza construida por orden de Carlos III y que convertirá en matadero de enemigos, el Che Guevara contempla la capital de su nueva patria y disfruta de su primera victoria, que será también la última. Las conclusiones que de ella sacará lo llevarán a la muerte, pero falta mucho para eso: ocho años, nueve meses y seis días. Ahora, a los treinta, es un guerrero de grande y creciente fama, y acaba de conocer a una muchacha que no sabe si ama o si tan sólo le gusta, pero con la cual se casará y tendrá otros cuatro hijos. El soldado de América es feliz.

CAPÍTULO VI
EL CALAMITOSO GOBERNANTE

Los hombres cambian, a veces de manera radical. Los alumnos de cursos inferiores de la Escuela Militar de Managua llamaban «el Padre Las Casas» a un cadete del último año por el trato gentil y benevolente (y poco común) que les dispensaba. El cadete gentil, amado por sus subordinados, se llamaba Fermín Cowley.

Por suerte, el cambio no siempre conduce al crimen. En 1865 arribó a Cuba un joven oficial del ejército español nacido en Santo Domingo. Los vecinos y parientes del Este habían decidido, otra vez, que querían ser independientes y el joven oficial se marchó con los suyos, que eran sus compañeros de armas. En Cuba se licenció, se dedicó a la agricultura, se casó, tuvo sus primeros hijos. Un día de Octubre de 1868 contemplaba el desempeño de los criollos de Cuba, menos veleidosos que los de su natal Santo Domingo, que se habían rebelado contra el poder español, y tomó una extraña y repentina decisión. «Voy a ayudar a esta gente a hacer patria». se dijo el enteco dominicano.

«Ya tenemos bastantes jefes». dijo Donato Mármol, un hacendado que estaba entre los líderes de la revuelta, y lo nombró para un cargo subalterno. Ya tenían bastantes jefes, cierto era, pero no como aquel, a quien algunos cubanos tienen hoy como el numero uno de nuestra historia. Aunque son pocos los de esa opinión, el hecho de que existan da la medida de lo que significa Máximo Gómez para nosotros.

Los conflictos del siglo XIX son pródigos en personajes nacidos en otras tierras: el catalán Ramón Pintó:, el venezolano Narciso López, el norteamericano Henry Reeve, el polaco Carlos Roloff, el italiano Orestes Ferrara, el también catalán José Miró. Llamo a Pintó, el anexionista, y a Miró, el independentista, «catalanes». que no españoles, al recordar una anécdota de familia: «José, ¿desde cuándo no vas a España?», pregunta Cástula Rubio de Escalona. «Vamos, Tula, que yo nunca he estado en España». contesta enfurruñado José Miró Argenter.

En este siglo, la participación de extranjeros en peleas cubanas contra los demonios es poco menos que inexistente hasta 1956. Ejemplar de una especie que parecía en extinción es un señor al que conocemos como seguramente no se llama: Fabio Grobart. Polaco, casi con toda seguridad judío, llegó a Cuba en los años `20 como refuerzo enviado por una mano amiga a los pocos y no muy sagaces comunistas cubanos, que andaban en trajines fundacionales. Parecía el último, pero no lo fue. En 1956 Ernesto Guevara arribó al manglar de marras. «¡La puta que lo parió!», dijo el áspero argentino al sentir que sus pies se hundían en el fango. Si no lo dijo, lo pensó; si ni siquiera lo pensó, ese día fue un santo. El ardiente profeta de la aurora que era su jefe, seguramente por un exceso de ardor, no pudo calcular siquiera el punto de arribo con un mínimo de acierto.

Lo cierto es que Fabio Grobart no fue el último. Después de él vendría el más famoso de todos. Porque es el más famoso. Como militar no puede comparársele con Máximo Gómez sin que la comparación parezca un chiste alemán, pero doña Fama no se fija en esos detalles. Desgraciadamente, el más famoso sería también el que mayor daño nos causaría.

Es mas fácil denostar al anexionismo que a los anexionistas, hombres para respetar; Pintó y López, por solo hablar de los extranjeros, murieron en el patíbulo por sus ideas.

En cuanto a los mambises, Henry Reeve era un *yankee* digno de la corte del Rey Arturo. Murió en combate y, como Guevara, no tiene tumba: su cadaver fue quemado, como lo sería el del argentino, y el viento se hizo cargo de sus cenizas. No de su recuerdo. Algún día, quizás en la nueva república, Reeve tendrá lo que se merece. Hasta hoy, el único gasto público provocado por el joven guerrero de Brooklyn ha sido una tarja en el Malecón, frente al Hotel Nacional. No creo que costara mas de cien pesos.

Miró Argenter, uno de los generales de Holguín, para los holguineros, al menos fue parlamentario en la República. Gómez, a quien una cláusula de la primera Constitución, redactada para él y solo para él, le permitía aspirar a la Presidencia, no aspiró a nada, no aceptó nada, a no ser una pobre pensión para vivir a cubierto de la pobreza.

¿Y Grobart el Misterioso? Cierto es que contribuyó a fundar y organizar un partido totalitario, pero ese partido no es responsable por la implantación del totalitarismo. Las malas intenciones no bastan; hace falta cierta energía, cierta capacidad para ejercer la violencia, si se quiere imponer algo a los demás. Fabio Grobart y sus correligionarios disfrutaron de las migajas de poder, como corresponde a los cómplices; la parte del león siempre se la llevan los ejecutores. Además, el polaco, o lo que fuera, siempre se mantuvo en un discreto segundo plano.

No así Orestes Ferrara, combatiente en la guerra del 95, político destacado hasta los años '40. Como Grobart, Ferrara fue cómplice de una tiranía; sólo que ésta fue mucho mas benigna que la de Fidel Castro, y su complicidad en ella de mayor importancia. Como una especie de símbolo de lo que fue su paso por la política de su país de adopción y un homenaje a su país de origen, nos dejó un palacio renacentista en lo mas céntrico de La Habana. La forma en que reunió el dinero para construirlo no hubiese desagradado a ciertos personajes del Renacimiento, sobre los cuales escribiría luego con notables resultados. A mí, que soy lo que Jorge Ricardo Masetti llamaría un muchacho de clase media, me hubiese gustado que este costoso italiano hubiera permanecido en Italia.

Ernesto Guevara de la Serna también debió quedarse en Argentina. Pintó, López y Reeve vinieron aquí a morir; Miró no recibió nada que no se mereciese; Gómez se negó a convertir su historial en fuente de poder o bienestar. Guevara fue, en cambio, un hombre sumamente oneroso para nuestro país. El stalinista Grobart y el venal Ferrara fueron también dañinos pero en muy pequeña escala; el primero por su insignificancia y el segundo porque la capacidad destructiva y corruptora de los gobiernos con los que colaboró fue muy limitada en comparación con el socialismo castro-guevarista, así como lo duradero de sus efectos.

Continuando con su maniobras de manipulación histórica, Fidel nombró al Che «cubano por nacimiento» como la Asamblea Constituyente de principios de siglo había nombrado a Gómez. Era una mascarada y Guevara se prestó a ella. Ahora bien, la actitud del argentino hacia su nueva patria distaba tanto de la de Gómez como lejos estaba Almeida de Maceo en materia de personalidad y talentos militares. Más que lejana, era opuesta: mientras el dominicano, nacido en un país cercano y afín, nunca dejó de considerarse extranjero en la única tierra donde estaba a gusto, el argentino, venido de tan lejos y de tan distinto ámbito, simplemente tomo posesión de Cuba.

Fundado el Instituto Nacional de Reforma Agraria, el Che se hizo cargo de su departamento de industrialización y desde allí comenzó a mostrarnos lo que debíamos hacer para solucionar nuestros problemas. Diecisiete décadas antes del Che, años más, años menos, una comisión de hacendados habaneros visitó Haití, llamado entonces Saint Domingue, para aprender de los franceses el arte de ganar dinero fabricando azúcar. Tanto aprendieron que la Isla se convirtió en lo que aún era en tiempos del advenimiento de Guevara: el principal exportador azucarero del mundo. Alrededor de los ingenios creció nuestra nación hasta llegar a ser la única con un territorio de pequeñas dimensiones entre las importantes de la América Hispánica. El azúcar nos ha dado muchos dolores de cabeza y nos dará más en el futuro, pero fue su fabricación lo que nos acercó a países enormes como México y Argentina, y nos permitió contemplar desde muy lejos a Guatemala y Nicaragua, cuyos territorios son mayores que el nuestro. Y esa industria fue obra de criollos, no de ninguna *Company* o Real Compañía.

El recién llegado, que dudo mucho hubiese oído hablar siquiera de Arango y Parreño, único estadista en un país donde sobran héroes, la emprendió con el azúcar, fuente principal de nuestros males, hija bastarda del imperialismo *yankee* según los charlatanes entonces de moda. La producción azucarera comenzó a descender; miles de hectáreas de cañaverales fueron arrasados para diversificar la agricultura.

El Che no hizo huesos viejos en el INRA. Antes que terminaran los primeros doce meses de poder fidelista, Felipe Pazos el Cavernícola renunció a la presidencia del Banco Nacional y Fidel nombró en lugar suyo al argentino de 31 años. Dudo que banco central alguno haya sido dirigido jamás por alguien tan sobrado de juventud y falto de conocimientos, alguien que nunca hubiese cursado estudios económicos. De aquella época quedaron unos billetes muy solicitados por los numismáticos a causa de la firma extravagante que los avalaba: Che.

Luego vendría el Ministerio de Industria creado por él y para él, organismo destinado a liquidar nuestra secular condición de país agrario. En la producción azucarera, el sector industrial, sumamente complejo, es mucho más importante que el agrícola, bastante simple; eso está claro para mí, que crecí entre cañaverales y vivía a trescientos metros de un ingenio, no para el Che Guevara. Aquello era «agricultura» y debía quedar atrás. Cuba debía ser un país industrial.

El Dr. Ernesto Guevara era el clásico aprendiz de todo y maestro de nada, pero no era así como él se veía a sí mismo. Ya para entonces había descubierto que formaba parte de la flor y nata de la Humanidad; que ocupaba, junto con sus compañeros revolucionarios, el escalón más alto de la especie humana. No es de extrañar que se considerase capacitado para dirigir la economía de un país del que muy pocos años atrás solo conocía las partidas de un ajedrecista genial.

Como soy tan inclinado a divagar, les recuerdo que Capablanca perdió el campeonato mundial precisamente en Buenos Aires y les digo que fue precisamente la arrogancia lo que provocó su derrota. Alexander Alejin era un rival demasiado fuerte para enfrentarlo sin preparación.

Como Capablanca en Buenos Aires, Guevara no estaba preparado para su *match* con la economía cubana. Sólo que, a diferencia de nuestro campeón, que era superior al fuerte Alejin y lo hubiese vencido de estar en mejor forma, Guevara no podía vencer ni aún teniendo la mejor preparación en materias económicas. Y no podía vencer porque el socialismo no funciona.

Janos Kadar, el comunista húngaro que asumió el poder en su país luego de aquella invasión extranjera defendida por Guevara, ha sido uno de los gobernantes mas hábiles y competentes de la segunda mitad del siglo, lo cual no pudo evitar la debacle del sistema socialista en Hungría. No hay preparación ni talento que valgan para hacer funcionar lo inoperante. Kadar, el talentoso profesional, ilustra mucho mejor la intrínseca inoperancia del socialismo que ese incompetente aficionado que fue el Che Guevara.

El desempeño de Guevara como gobernante fue desastroso. Sus ideas, presentadas con la envoltura de una hermosa retórica en la que creía a pie juntillas, eran puros disparates: el financiamiento de las empresas con fondos del Presupuesto Nacional sólo podía llevar, sólo llevó, a la incosteabilidad; el «estímulo moral». ganar lo mismo aún trabajando más y mejor, era, a corto plazo, un estímulo a la holganza. Más que disparatadas, sus ideas eran anti-naturales, contrarias a la naturaleza humana.

Sin embargo, en la herencia dañina que nos lego este argentino, las desventuras económicas son un capítulo menor. Sus ideas agravaron la inoperancia del sistema pero no la generaron. Son otras culpas las que me interesa analizar.

Durante seis años, de 1959 a 1964, Ernesto Guevara fue un importante factor de poder en Cuba. El segundo hombre del régimen por su prestigio y peso político; por su influencia en la marcha de los acontecimientos. Grande fue esa influencia y grande es también su reponsabilidad por lo que ocurrió en Cuba en aquel entonces.

Los fusilamientos masivos y su macabra exhibición, que convirtieron la pena de muerte, antes excepcional, en algo cotidiano; los juicios donde se decidía la vida o la muerte de un hombre convertidos en espectáculos poco menos que circenses; la violación de principios elementales y universales del derecho, como el de no juzgar a una persona dos veces por el mismo delito; la burla de las leyes implantadas por el propio poder revolucionario al confiscarse fincas cuya extensión estaba dentro de los límites permitidos por la Ley de Reforma Agraria; la condena sin haber cometido delito alguno de figuras de la revolución: «¿Cómo puede pensarse en un revolucionario que no denuncia día a día los atropellos inconcebibles de aquella época?» Por si no se han dado cuenta, la frase es del Che Guevara. La respuesta es mía: los revolucionarios, cuando toman el poder, están demasiado ocupados en cometer atropellos y carecen de tiempo para denunciarlos.

El último al que me referí, el proceso de Húber Matos, tuvo particular importancia, para Guevara: su dilecto amigo Camilo Cienfuegos desapareció cuando regresaba de Camagüey, a donde había ido a detener al comandante Matos. Desapareció el popular Camilo, y de la manera mas absoluta que pueda concebirse. Simplemente se esfumó.

En Cuba hay una cierta tradición en materia de desapariciones más o menos inexplicables de personas más o menos célebres. Matías Pérez, un fabricante de toldos aficionado a la navegación aérea, se elevó un día en su globo aerostático y nadie volvió a verle el pelo. Tampoco a Juan Cristóbal Nápoles Fajardo, llamado *El Cucalambé*, poeta cultor de la décima, muy popular entre los mambises, quien salió de su casa en Las Tunas sin equipaje y con destino desconocido hasta hoy; tan desconocido como el significado de la palabra «Cucalambé». Misterios sin duda, pero misterios relativos. Don Matías pudo haber caído al mar y haberse ahogado o haber sido devorado por un tiburón blanco (*Carcharodon carcharias*) u otra criatura depredadora y pelágica; o bien, si somos partidarios de los finales venturosos, haber volado hasta y descendido en el sur de la Florida, donde los seminoles del cacicazgo de Miami lo nombraron Gran *Shaman* y lo instalaron en una lujosa cabaña poblada con cinco jóvenes indias que lo hicieron feliz hasta acabar con él. En cuanto al *Cucalambé*, ha de haberse ido a pasear a la Ciénaga de Birama, uno de los pantanos pestilentes tan detestados por el Che, donde no hay jóvenes huríes seminoles pero sí caimanes y tembladeras.

Lo que no tiene explicación es lo de Camilo. En Cuba no existen lugares a los que se pueda calificar de remotos sin exagerar. Entre Camagüey y La Habana sólo hay 600 Kilómetros y existen tres aeropuertos (Santa Clara, Cienfuegos y Varadero) con sus respectivas torres de control. La intensa búsqueda aérea no pudo encontrar siguiera una mancha de aceite en el mar. Eso se llama desaparecer. Como si el Triángulo de las Bermudas se hubiera desplazado al sur-suroeste.

La magnitud del afecto que sentía el pueblo por Camilo Cienfuegos, cuyas razones, por cierto, no alcanzo a comprender del todo; la probable solidaridad entre compañeros de armas que lo unía a Húber Matos, uno de los más destacados comandantes del Ejército Rebelde;

el hecho de que, a diferencia de su amigo argentino, fuera un hombre carente de fuertes motivaciones ideológicas; el impacto de la popularidad sobre la psiquis del joven comandante, que pudo haberle hecho pensar (como años después pensaría, siendo ya general, un antiguo teniente de su columna llamado Arnaldo Ochoa) que estaba en condiciones de permitirse discrepancias; todo ello, sumado al carácter reconocidamente implacable y desconocedor de limites de Fidel Castro, explica la existencia de ciertas hipótesis acerca de la desaparición de Camilo.

En el futuro, cuando los cubanos puedan escribir sobre lo que se les antoje, sin temas ni personajes tabúes, no faltará algún escritor de ciencia-ficción que elabore una historia acerca del secuestro de Camilo Cienfuegos por unos E.T. sumamente galácticos aunque buenos en el fondo, los que después de pasarse 33 años (recordar que los E.T. tienen un concepto distinto del tiempo) estudiando con creciente asombro las reacciones del guerrillero fidelista, lo devolvieron a sus lares patrios, joven como antes; como antes, alegre y lleno de entusiasmo, de fe en la Revolución; y entonces... Por cierto, Andy García sería un Camilo perfecto.

En realidad, Camilo Cienfuegos es fácilmente concebible como jerarca de esta muy jerarquizada y por tanto muy corrupta sociedad. No me cuesta mucho esfuerzo imaginarle en un congreso del Partido Comunista (nunca llegó a ser comunista pero lo hubiera sido si Fidel se lo ordena.... y se lo hubiese ordenado), muy elegante en su uniforme de gala, con algunas libras de más por los años y la buena vida. Sí, allí está Camilo, el cubano que ha sido fotografiado mayor número de veces en menos tiempo; sonríe, aplaude, levanta la mano para votar afirmativamente por la destrucción del país en aras de la gloria de su Comandante en Jefe.

¿Y el Che? Creo, aunque no me gusta creerlo, que para él no habría un lugar aquí, ahora. Aquella Cuba de los años '60 era una sociedad tan disparatada e ineficiente como la de nuestros infelices días, y casi tan totalitaria. Pero no era corrupta. El Che Guevara se movió como el pez en el agua entre el disparate, la ineficiencia y el totalitarismo, más no puede acusársele de corrupción. Se dice que fue austero. Yo diría que fue modesto y sencillo en su vivir. Austero fue Ho Chi-Minh, que vivía en una cabaña rústica. Austero es el Che sólo si se le compara con sus sibaritas compañeros del Ejército Rebelde.

El Che no se privaba de comodidades y es natural que lo hiciera. Sus amigos no se privan de lujos y es perverso que lo hagan mientras el país se hunde en la pobreza. Esa inclinación por el lujo, cuyo máximo exponente es Fidel Castro, un «nuevo rico». es compartida con entusiasmo por obreros como Juan Almeida y campesinos como Guillermo García, por burgueses como Senén Casas y pequeños burgueses como Armando Hart. Todos son corruptos, porque el lujo es corrupción cuando se obtiene como pago por representar los intereses de los desposeídos.

La afición por el lujo, el «grato y tranquilizador» lujo, comenzaba ya cuando Guevara estaba aún entre nosotros y escribía duras palabras contra los que disfrutan de bienes que no están al alcance del pueblo, hagan o no ostentación de ellos. Siempre la hacen.

El disfrute material es hoy la principal motivación en la vida de los cortesanos de Fidel Castro, ya totalmente corrompidos. Que la segunda figura del gobierno (porque él, Guevara, era la segunda figura, no el mal encarado e insignificante Raúl Castro) criticara tal manera de vivir hubiese sido un valladar para el disfrute, y otro, mayor aún, que no la compartiese. No hay lugar para el Che en esta sociedad mefítica; sin embargo, esta sociedad se la debemos, en buena medida, a él. Todos los males que padecemos hoy nacieron bajo su gobierno; porque aquel de los primeros años de la era castrista era también su gobierno. Si alguien ha gobernado en este país en las ultimas décadas además de Fidel ha sido Ernesto Guevara de la Serna.

La Revolución Cubana tomo el camino socialista, la mayor traición de nuestra historia, siguiendo las pautas que el Che defendía estando aún en México y que Fidel negaba estando ya en La Habana. No es que Fidel se dejara convencer; es que el socialismo carecía de prestigio en Cuba, y por otra parte, ser taimado no sólo forma parte de su naturaleza, sino que disfruta siéndolo.

Fidel afirmó una y otra vez en 1959 que no era comunista; encarceló a Huber Matos por afirmar éste que el país se encaminaba al comunismo. Mientras tanto, confiscaba y confiscaba. Tanto confiscó que en el verano de 1960 el Che Guevara tuvo por fin sus bancos; los de Las Villas, que provocaron la gresca con Oltutski, y todos los demás. En abril de 1961, Fidel declaró que su revolución era socialista; el Che seguramente respiró aliviado: el engaño llegaba a su fin. En diciembre de ese año, Fidel fue más allá y afirmó que siempre había sido marxista-leninista. Nunca deja de sorprenderme el desparpajo con que este hombre se desdice y lo difícil que le resulta decir la verdad.

Ya tenía, pues, el Che su revolución socialista. Ya éramos enemigos de los Estados Unidos y (aunque esto era menos importante para él) amigos de la Unión Soviética. Ese juego de amistades y enemistades condujo a una situación altamente definitoria en octubre de 1962.

¿Quién tan distraído, desinformado o nirvánico que no oyera hablar de Cuba en aquel octubre? ¿Cuándo, en qué momento de la historia se habló tanto de Argentina, Brasil o México? ¿Qué otro país de las dimensiones y el desarrollo económico del nuestro ha sido jamás tan importante para la Humanidad?

Ahora, treinta años después de aquella criminal jugarreta en la que se me asignó un lugar entre las posibles primeras victimas me pregunto: ¿es esto la Gloria?

Desde el verano de 1945 el mundo había vivido con el temor al holocausto nuclear y nunca estuvo éste tan cercano como en octubre de 1962 gracias a Nikita Jrúschov y, sobre todo, a Fidel Castro. Cabeza de una superpotencia en plena Guerra Fría, Jrúschov jugó fuerte, llegó hasta donde pudo y se retiró al comprender que el juego no daba más. De cualquier manera, el golpe intimidatorio, de aviso, hubiese caído sobre Cuba. No había por qué disparar contra la Unión Soviética si existía la posibilidad de zanjar la cuestión con sólo bombardear las bases de cohetes en territorio cubano. Si las cosas salían bien morirían algunos miles de soldados soviéticos y criollos.... entre ellos un ametralladorista de 25 años, recién casado, sin hijos, alguien que conozco como a mí mismo; si salían mal, lo que sucede a menudo, la guerra se hubiera generalizado y el planeta Tierra hubiese perdido su condición de habitable. Nikita Sergueívich Jrúschov era demasiado aventurero para ser jefe de gobierno de una super-potencia. Fidel Castro es demasiado aventurero para ser jefe de gobierno de la República del Monte Athos, suponiendo que los monjes, afectados por las abstinencias y el exceso de meditaciones, cometiesen la locura de nombrarlo para tal cargo. De todos los trastornos de la personalidad, la megalomanía es el más peligroso en términos políticos.

«Pocas veces brilló más alto un estadista». Tal es la opinión del Che Guevara acerca del desempeño de Fidel Castro en la Crisis de los Misiles. Pocas veces, digo yo, ha sido tan evidente la criminal irresponsabilidad de Fidel, su ansia a la vez trágica y ridícula de asumir un papel de protagonista en la escena mundial, su monstruoso egoísmo.

Mi oración: Danos, Señor, para vivir, un pequeño país sin héroes ni mártires; con pocos escritores, artistas y campeones deportivos; donde podamos satisfacer nuestras necesidades materiales y elegir libremente a quienes nos gobiernen y expresar nuestras opiniones sin ser perseguidos. Un país al que nadie recuerde cuando se hable de hazañas y de glorias. Algo así como Suiza. Amén.

Mientras cientos de millones de personas vivían en el terror a la explosión nuclear, unos pocos miles de cubanos eran amenazados por explosivos mucho mas corrientes y convencionales. Me refiero a los presos políticos recluidos en los edificios circulares del presidio de Isla de Pinos cuyos cimientos habían sido convertidos en un gigantesco polvorín que debía estallar cuando lo dispusiera el Comandante en Jefe, aniquilando a los enemigos de la Patria y el Socialismo (porque ya éramos socialistas) que allí se encontraban.

El ejecutor del plan fue el arquitecto Julio García Olivera, llamado Julio *el Grande* por su estatura y corpulencia, que otras razones no hay para llamarlo así. Julio *el Grande* había sido miembro del Directorio Revolucionario y, como muchos en esa organización, no simpatizaba con Fidel. Tanta era la aversión que le inspiraba el Comandante que, un día, andando por los caminos del exilio, no se pudo contener y la expresó con toda claridad ante un dirigente del Movimiento 26 de Julio, el cual se sintió obligado a defender a su jefe. Muy distintos fueron los respectivos destinos de aquellos dos hombres, enfrentados hace decenios por unas palabras acerca de Fidel Castro. Cuando

García Olivera minaba los cimientos de las «circulares». ¿recordaba acaso aquella discusión? Su contendiente, el mismo que contendió con el Che Guevara en torno a la invasión de Hungría, sí que la recuerda.

Dejemos a García Olivera, ese insignificante hombretón, pero sin apartarnos de su labor como técnico al servicio del exterminio, pues de esa labor y de la actitud que asumió el Che respecto a ella es de lo que quiero hablar ahora. ¿Que pensó, que dijo, que hizo el Che Guevara ante semejante salvajada? No tengo la menor idea, y no la tengo porque él se abstuvo de opinar en público sobre este asunto, y como se abstuvo, es imposible obviar su complicidad. No se puede estar tan alto como lo estaba él y ser inocente cuando la barbarie asoma la oreja.

Me pregunto si los preparativos de este genocidio contribuyeron a intensificar el brillo de Fidel como estadista durante los días de la Crisis, llamados por el Che Guevara, vaya usted a saber por qué, «luminosos y tristes». Triste es, supongo para quienes lo admiran, que no se marchara entonces, que esperara a 1965 para hacerlo, que haya quedado como cómplice de todo aquel delirio con disfraz de alta política.

Antes de haber puesto un pie en el fango del manglar infecto, al escribir el *Canto a Fidel* de infeliz memoria, el Che ya conocía la fórmula que habría de salvar a nuestro país: todo lo haría «el dardo nacionalizador». No se trataba de crear, sino de tomar por la fuerza lo ya creado y repartirlo entre los pobres. Estas ideas han adquirido, con el uso y el abuso, un fuerte sabor latinoamericano y tercermundista, pero en realidad ya eran viejas en tiempos de Robin Hood y no han ganado en eficacia desde entonces. Aunque uno de los países más heridos por el susodicho dardo era precisamente Argentina, Guevara no parece haberle dado importancia al destrozo o bien lo atribuyó a cualquier causa que conviniese a sus ideas.

Y sus ideas crecían y se extendían. Cuando ya no hubo banqueros ni latifundistas ni empresarios industriales ni comerciantes mayoristas, la Revolución continuó lanzando dardos hasta nacionalizar incluso la venta ambulante de granizado. Fue algo así como un homenaje póstumo pues el Che ya había muerto cuando esta especie de lluvia ácida hizo desaparecer a los vendedores ambulantes... privados.

Solamente Fidel Castro supera al Che Guevara en materia de responsabilidad por la destrucción de la economía cubana y la ventaja no es muy amplia. Sin embargo, creo que el Che es aun más irracional que Fidel, para quien el control absoluto de la economía es sólo un medio para sustentar el poder sin restricciones a que siempre aspiró. Fidel buscó y logró que todos los cubanos fuesen sus empleados, que dependiesen de él. Es una conducta que refleja un afán de dominio totalmente enfermizo, pero en ella hay una secuencia lógica. Fidel defiende sus intereses, es el egoísmo casi en estado puro. En cambio, el Che quería hacernos un bien, mejorar nuestra vida. Fue para darnos la felicidad por lo que puso todo su talento y energía en crear este monstruo.

«Ese hombre esta looooco». cantan jóvenes cubanos. La canción fue compuesta para ridiculizar a Ronald Reagan, mas parece hecha pensando en Fidel y es en Fidel en quien piensan los que la cantan. ¿Está loco Fidel? El hombre tiene su problema, no cabe duda; es una personalidad aberrada, pero loco, lo que se dice loco, no creo que lo esté. Cuando un hombre ha sido tan beneficiado por la suerte es natural que espere milagros.

¿Y el Che Guevara? Nunca he escuchado a nadie tratar de loco al Che. Sin embargo, sus relaciones con la realidad eran tenues, débiles, y la locura es, ante todo, una ruptura en las relaciones con la realidad. El Che demostró siempre una incapacidad absoluta para comprender, aun vagamente, la total inoperancia del socialismo.

Durante mis 18 años de corrector de estilo en una revista económica marxista he tenido que leer muchas estupideces, algunas de ellas escritas por el propio Karl Marx. Lo que voy a citar ahora es parte de un manual para administradores de fábricas editado bajo la supervisión del Che donde se trata de la necesidad de implantar «un buen control de calidad aún cuando la competencia no exista y el comprador adquiera lo que se le venda porque tiene dinero y no encuentra nada mejor. Es decir, adquiere un articulo regular o malo por el precio de uno bueno obligado por las circunstancias...». Tal situación es descrita como «algo inmoral, que no debe ser admitido por el socialismo».

Muy bonito. Muy edificante. Y también muy contradictorio, porque la situación que el socialismo no puede admitir únicamente es posible en el socialismo; o sea que en una formación social es inmoral algo que sólo puede existir en sus propios marcos: humo de *Cannabis indica*.

El fanatismo nos aleja de la realidad y cuando la lejanía traspasa ciertos límites imprecisos....pues bien, estamos locos.

El Che Guevara, hombre de cultura y pensamiento, amaba la teorización. Teorizaba y teorizaba, lo que resulta muy útil para conocer su personalidad pues rara vez mostramos con mayor claridad nuestra verdadera índole que cuando les decimos a los demás cómo deben comportarse.

Entre las armas y las letras siempre han habido conflictos y desavenencias, originados, generalmente, por los hombres de armas, cuya actitud hacia los intelectuales se mueve entre la arrogancia despectiva y la solapada envidia. En cambio, los hombres de letras sufren a menudo una especie de fascinación por los guerreros, que a menudo no son otra cosa que patanes dotados para la violencia.

«Si mi pluma valiese tu pistola/de capitán, contento moriría». escribe Antonio Machado, un poeta de los grandes. Al capitán dueño de la invaluable pistola, Enrique Líster, se le recordará, si se le recuerda, por esos versos enloquecidos, Cuando los escribió, el bueno de Machado no pensó en Lepanto, batalla famosa tanto por su magnitud como por la cantidad de capitanes renombrados que en ella participaron: don Juan de Austria, Alejandro Farnesio, el marqués de Santa Cruz, Gian Andrea Doria, y mejor no omitir al evasivo Aluch Alí, que los musulmanes, como todos los que fueron y ya no son, pecan de susceptibles. Muchos capitanes amados por la fama hubo allí, pero el hombre más famoso que combatió en esa batalla es un soldado llamado Cervantes. Y a don Juan, el victorioso príncipe, se hace necesario agregarle el «de Austria». pues don Juan a secas es el otro, el infatigable caballero templario creado por Tirso de Molina. A largo plazo, siempre vencen las letras.

A largo plazo. Sucede que a corto y a mediano, las letras, los hombre que las representan, son atacados por algo así como una viral, que no viril, admiración por ciertos hombres de armas y los procesos políticos que estos encabezan. Este mal de Parkinson espiritual es propio sobre todo del Siglo XX, en el que han tenido lugar tres grandes epidemias.

La primera fue provocada por la Revolución Bolchevique. A pesar de su figura rechoncha y su rostro vagamente satánico, Lenin se convirtió en un sujeto de altar. De Rusia llegaban noticias inquietantes y tan absolutamente ciertas como la del aniquilamiento de la familia imperial; algunos de aquellos Romanov eran solo adolescentes pero los barones del intelecto no estaban para príncipes rusos. Se suicidó Maiakovsky, luego Esenin, Bunin emigro, Pasternak dejó de escribir poesía, Chagall y Kandinsky se negaron a regresar, Rajmáninov y Stravinsky se fueron con su música a otra parte, y sólo se oía hablar de muerte, muerte y muerte. Por otra parte, Lenin, como Fidel, era un hombre taimado y al mismo tiempo amante de la desfachatez. Hubiese bastado con escuchar sus palabras, pero, como decía Néstor Almendros (que murió ayer y ya no podrá ganar un segundo Oscar con una película fotografiada en su tierra), nadie escuchaba.

La segunda orgía sentimental tuvo como objeto de amor a la República Española. Aquello sí que fue un agasajo postinero con la crema de la intelectualidad y no el de Agustín Lara. Fue un idilio bello y efímero: ella murió joven, y sus amantes casi enloquecen de furia y frustración. El amor es dar y recibir, y ver cómo se recibe lo que damos; por eso es tan difícil amar a los muertos. Muerta la República, se hacía difícil continuar amándola. Fácil era en cambio odiar a quienes la destruyeron; así Francisco Franco, un hombre menos dañino que Lenin, Stalin o Fidel Castro, se convirtió en uno de los personajes más vilipendiados de la historia de España...y eso es mucho decir.

La muerte de la República Española fatigó los lagrimales de media humanidad. Como murió joven, es posible suponer que hubiese sido buena. A la decrépita República Soviética pocos la han llorado y pocos, muy pocos llorarán a la también decrépita y además emputecida República Fidelista. Sin embargo, en su momento fue la novia ideal de millones de hombre y mujeres, entre ellos una legión de escritores.

Los barbudos de la Sierra Maestra, imagen pública de la Revolución Cubana, eran pintorescos, folklóricos, graciosamente patibularios. Sus jefes eran fotogénicos y aunque no faltaban rostros que la vida pudo habernos ahorrado, como los de Raúl Castro y Ramiro Valdés, y cabezas extrañamente formadas como la de Osvaldo Dorticós, formaban un conjunto agradable. Por si esto fuera poco, los hombres de letras descubrieron o creyeron descubrir que uno de aquellos hombres de armas era alguien muy cercano a ellos. Y, una vez más, surgió el amor. Fue el tercer gran idilio literario-político del siglo y todo parece indicar que será el último.

La defensa de la Revolución Cubana copia los esquemas expuestos por Simone de Beauvoir en *Los Mandarines*: criticar a la Revolución es hacerle el juego al imperialismo y lo malo que de ella se diga es, con toda seguridad, mentira o, en el mejor de los casos, exageración. La propia Beauvoir y su esposo, Jean-Paul Sartre, estuvieron entre los reincidentes; los desplantes e intemperancias de que les hizo víctimas Fidel Castro no parecen haberles afectado su tozudo entusiasmo. Treinta y tres años después aún quedan escritores de fuerza que se alinean en la defensa de esta sangrienta mascarada. Son pocos, dicen los optimistas; y tienen razón. Son demasiados, digo yo; y también tengo razón. No hay nada que hacer: cuando alguien necesita un varón fuerte a quien amar y disculpar, los razonamientos huelgan.

Si el efecto entre los de afuera, los que venían y se iban, fue de tal magnitud, cualquier sorpresa ante el sólido servilismo de la intelectualidad en Cuba carece de fundamento. Fidel les señaló su lugar en eso que se llamó «Palabras a los Intelectuales» y el culto comandante argentino, en quien quisieron ver un homólogo, resultó arisco y regañón.

«El pecado de los escritores cubanos es no ser lo suficientemente revolucionarios», dijo el Che Guevara. Yo diría que el único pecado de un escritor, como tal, es carecer de talento. Sin embargo, la reticencia del Che ante el entusiasmo de los intelectuales cubanos no es difícil de comprender cuando se conoce que ni uno sólo de ellos participó en la lucha contra Batista.

Esto no deja de ser extraño pues siempre, en todos nuestras contiendas políticas anteriores, estuvieron presentes los hombres de letras: Heredia en las primeras conspiraciones por la independencia, Villaverde con los anexionistas, el desdichado Zenea en la Guerra Grande, Martí en el 95; Torriente Brau, Martínez Villena y Mañach contra la dictadura de Machado; nadie contra la de Batista. Claro está que sólo a una mentalidad totalitaria puede interesarle que autores de la talla de Lezama, Novas Calvo y Virgilio Piñera participen o no en revoluciones.

No podemos pedirle peras al olmo, dijo el Che, afirmación poco original pero incuestionablemente cierta. Para asegurar el suministro de peras propuso injertar los olmos y sembrar perales: la solución inmediata y la definitiva.

Veamos os resultados: el asunto de los injertos nos privo de Carlos Montenegro, Lino Novas Calvo, Lydia Cabrera, Guillermo Cabrera infante, Calvert Casey, Heberto Padilla, Antonio Benitez Rojo. Eduardo Manet, Jose Triana y Severo Sarduy, entre muchos otros.

¿Recuerdan a Calvert Casey? Cuando leí un cuento suyo titulado *El Regreso*, creí que llegaría a ser un escritor para recordar. *Adiós y Gracias por Todo* fue el último cuento que publicó en Cuba. Años después, a la redacción de *Prensa Latina* llegó un cable que anunciaba el suicidio en Roma del escritor norteamericano Casey Calvert. Si este cubano de apellido celta y nombre algo así como normando hubiese podido permanecer en Cuba sin que ningún extranjero autoritario le exigiese producir tal o cual fruta, quizás hubiera llegado a ser lo que yo esperaba.

Algunos de los olmos mayores se negaron también al injerto pero optaron por permanecer en el huerto. José Lezama Lima, el gran Lezama, atormentado por la prohibición de volver a ver a quienes amaba, vio pasar sus últimos años sumido en desesperada congoja. Virgilio Piñera, hombre débil, fue aterrorizado por esos hijos de mala madre que disfrutan con el miedo ajeno, y parte de su obra terminó en las gavetas de Abrahantes o alguien por el estilo. Ambos fueron hombres de poco vivir.

¿Y las peras del Che? Algunas son comestibles; pocas, muy pocas, disfrutables. El escritor comprometido, ese engendro revolucionario, necesita ser un genio para escribir bien; si es solo talentoso, nada de lo que escriba tendrá valor. Hay excepciones. En un extremo: Rudyard Kipling, escritor comprometido con el destino imperial de Inglaterra porque tal era su voluntad, por eso su Kimbal O'Hara, nacido en la India, país sojuzgado por los ingleses, hijo de un irlandés, nación sojuzgada por los ingleses, y servidor de Inglaterra, no es un traidor sino un fascinante héroe literario.

En el otro: Gabriel García Márquez, el escritor comprometido con la Revolución Cubana, que expresa su compromiso en declaraciones a la prensa, nunca en su obra; es decir, en lo efímero, no en lo que intenta hacer permanente.

Como el éxito lo justifica todo o poco menos, quizás el Che le hubiese dado su aprobación a este astuto olmo injertado. Imposible saberlo. Lo cierto es que en tres décadas de puesta en práctica, la horticultura literaria ha tenido resultados que me atrevo a calificar de desalentadores. Después de todo, resultó que el Che Guevara, el culto argentino de la pluma fácil, no era de los nuestros.

Este Discurso de las Armas y las Letras ha resultado demasiado largo. Los revolucionarios modernos siempre tratan de mantener en un puño a los intelectuales, especialmente a los escritores, que son los de mayor poder de comunicación; el Che Guevara no era ajeno a esta tendencia pero tampoco parecía considerarla prioritaria. Faltaba en él ese sentimiento de envidia tan común entre sus colegas, que los lleva a ser en extremo agresivos en sus relaciones con la intelectualidad. Sin duda, estas relaciones tienen para mí una importancia mucho mayor que para nuestro biografiado, suponiendo que esto sea una biografía.

Quizás pensara que ya existen suficientes libros de calidad como para hacer muy difícil la lectura de todos ellos en una vida de duración promedio. En todo caso, más que la producción literaria en la nueva sociedad, le interesaban los hombres que ésta debía producir. Le interesaba lo que llamó el Hombre Nuevo.

Mary Shelley, más que una escritora, era la esposa de un escritor, pero un día decidió probar que también era capaz de escribir, lo consiguió y tomó asiento junto a los inmortales. Fue necesaria la ayuda del cine, pero lo cierto es que ahí está la voluntariosa Mary entre aquellos pocos, felices o no, cuyo recuerdo no muere. La rodean tres celebridades: su esposo poeta, el Dr. Frankenstein y el Hombre Nuevo creado por éste. El Hombre Nuevo está encadenado para evitar que le rompa la crisma a algún inmortal en una de sus frecuentes rabietas.

Entre el neo-alemán creado por el Dr. Frankenstein y el neo-criollo del Dr. Guevara hay sorprendentes similitudes: ambos son violentos, malhumorados, destructivos, amantes del tabaco y poco aptos para el trabajo; uno y otro visten con desaliño, utilizan un vocabulario muy limitado y su pronunciación es sumamente gutural. La ventaja del monstruo de Frankenstein es su condición de ejemplar único, mientras que el neo-criollo, el *homus guevarensis* se ha reproducido de manera alarmante. Otra diferencia es que Franky, cuando lo tratan bien, es capaz de mantener un comportamiento apacible y civilizado, aunque sea por corto tiempo. Es sensible a la gentileza; no así el Hombre Nuevo de Guevara, que, brabucón y desconfiado, la toma por síntoma de temor o máscara de alguna trampa.

Esta es la segunda vez que comparo a estos jóvenes doctores, lo que quizás pueda parecer excesivo pero no lo es. Violentar la naturaleza siempre resulta peligroso, más cuando se trata de la naturaleza humana, ya sea en lo referente a su origen vital o a su comportamiento. El hombre debe ser gestado y parido por una mujer, y su vida material debe mejorar cuando su trabajo mejore en calidad y cantidad. Las fantasías pseudo-científicas están en su lugar en el cine y la literatura. Es absurdo y delirante pretender llevarlas a la realidad. El daño espiritual causado a los cubanos, a su comportamiento, a su manera de ser, es el mayor crimen de la revolución. En la responsabilidad por ese crimen sólo Fidel Castro supera a Ernesto Guevara.

El Dr. Guevara, a diferencia del Dr. Frankestein, no llegó a conocer a su monstruo, ese repelente ser que hoy dedica todo su entusiasmo a los «actos de repudio». No pudo, por tanto, morir a sus manos. Otra sería la criatura que lo llevaría a la muerte: la teoría del foco guerrillero.

Nacida en la Sierra Maestra, fue, en sus inicios, un arma táctica destinada a la lucha ideológica contra el Llano, con la que se buscaba minimizarlo, presentar sus acciones como algo totalmente secundario, sólo concebible como apoyo a la guerrilla, cerebro y corazón de la guerra liberadora. Eso buscaba Fidel y eso logró. Pero el Che no se detendría en lo puramente táctico y el foco guerrillero se convirtió en la piedra miliar de lo que quiso ser una filosofía, una religión guerrera, un código de conducta; algo así como el *bushido* del *samurai*.

Ernesto Guevara fue de lo particular (yo diría de lo particularísimo), a lo general y convirtió la experiencia guerrillera cubana en lección histórica sin tomar para nada en cuenta las fundamentales carencias del ejército al cual se enfrentó. En este error, que se convirtió en mortal para él y para otros, el impulso primario es la pura y simple arrogancia.

En mayo de 1958 el ejército lanza una ofensiva fuerte de 10 mil hombres contra las posiciones guerrilleras en la Sierra Maestra. En diciembre, el Che Guevara toma Santa Clara, una capital provincial situada a cientos de kilómetros. Tan arrollador desempeño sólo podía tener dos explicaciones: o bien el ejército de Fulgencio Batista no valía nada; era, como su jefe, capaz de robar, asesinar y dar golpes de Estado, no de combatir. Esa es una; la otra era la extraordinaria eficacia de la guerrilla...y de él, el comandante Ernesto Che Guevara. Su arrogancia, su vanidad, lo llevaron a escoger la segunda.

El Che predicó la Buena Nueva con la fe de los iluminados y la seguridad de los arrogantes. Se dirá que Fidel es tan arrogante como él y que también se consideraba señalado por el destino para altos designios. Pero Fidel, a diferencia del Che, es taimado y egoísta, y esas características, que son las fundamentales en su personalidad, lo salvan de convertirse en instrumento de teorías: él las utiliza a ellas.

Se dirá también que todos los hombres que se destacan en la política padecen del mal de la arrogancia. Es cierto. Cayo Julio César, cuando era sólo un joven aristócrata notorio por su manera extravagante de llevar la toga, fue capturado por unos piratas. El joven

Cayo, arrogante como un león en la sabana, les dijo a los bandidos del mar que pidieran por él un gran rescate y que lo disfrutaran a toda prisa pues, una vez libre, los perseguiría, capturaría y crucificaría. Los crucificó. Todos son así, es cierto; pero Ernesto Guevara de la Serna exageraba.

En sus prolijos análisis de la lucha guerrillera no hay nada que indique comprensión de la ínfima calidad combativa de las fuerzas batistianas. Nada significó para Guevara el muy diferente comportamiento de los soldados de Batista cuando los mandaba Sánchez Mosquera. Los fulminantes éxitos sólo se explicaban por la habilidad y el valor del guerrillero, es decir, por su propia habilidad, por su propio valor. Hábil era, pero solo sabemos el tamaño de nuestra habilidad cuando la confrontamos con otra similar. Era valiente, pero la importancia del valor se distorsiona cuando nos enfrentamos a un cobarde. Nuestro común amigo Alberto Fernández salió a la descubierta, se enfrentó a unos soldados atrincherados y los conminó a rendirse amenazándolos con el exterminio. Se rindieron. ¿Soldados dije? Chusma desmoralizada. De haber habido soldados en aquella trinchera el temerario Pachungo nunca hubiese puesto un pie en Bolivia. Esta anécdota, y las de Camilo y las del *Vaquerito* y las suyas propias, tamizadas por la arrogancia, llevaron al Che Guevara a conclusiones erróneas. Erróneas y, para él y para otros, mortales.

Fue así que la guerrilla se convirtió en una religión mas guerrera y militante que el Islam, y los guerrilleros en seres superiores. Según el nuevo Profeta, la Revolución, o sea la guerrilla, que era la revolución en su aspecto más perfecto y acabado, nos permitía «graduarnos de hombres»; el guerrillero era «el escalón más alto de la especie humana». Un canto a si mismo que ni Walt Whitman. *Yo, el mejor de todos*.

Y comenzó la saga guerrillera. El primero que tomó ese camino fue un personaje inesperado: César Vega, dueño de un cabaret, sin nexo aparente con el gobierno cubano, quien desembarcó en la vetusta villa de Portobelo, en Panamá, y causó serias preocupaciones a la nada seria Guardia Nacional panameña antes de entregarse y ser devuelto a Cuba.

Lo de César Vega fue una parodia. No así el capítulo siguiente, protagonizado por el comandante Delio Gómez Ochoa, un holguinero de nutrido historial revolucionario que arribó a Santo Domingo con la misión de ajustarle las cuentas a Trujillo. Capturado y sometido a tortura, Delio Gómez se derrumbó. Luego de quebrantarlo, el déspota dominicano lo envió de regreso y el que había sido un destacado combatiente se hundió en la oscuridad, en la que aún permanece.

Delio Gómez Ochoa comparte con el Che Guevara el privilegio, llamémoslo así, de haber sido los únicos comandantes enviados al exterior con el objetivo de encabezar focos guerrilleros, pues a partir del desastre de Santo Domingo, la situación cambió. Las teorías del Che encontraron eco en cerebros y corazones latinoamericanos y las guerrillas comenzaron a proliferar: en Argentina se alzaron los llamados Uturuncos (vaya usted a saber qué quiere decir eso), de corta vida, antecesores de otros movimientos de nombres mas o menos folklóricos (Tupamaros, Montoneros, Cinchoneros, Macheteros). En Venezuela surgió toda una epidemia de focos que luchaban no contra una tiranía militar, sino contra el gobierno libremente elegido de Rómulo Betancourt y su Ministro de Gobernación Carlos Andrés Pérez, un hombre que no escarmienta. Fidel si que es capaz de escarmentar, aunque no lo hace a menudo. A Venezuela, objetivo prioritario de sus ambiciones, envió oficiales de baja graduación y los envió a reforzar los frentes guerrilleros que ya existían, no a fundarlos. Antonio Briones, quien me demostró, en México, lo pedante que puede llegar a ser un joven marxista, fue cazado a tiros al desembarcar en una playa venezolana. Pero Briones no era su principal hombre en Venezuela.

Los Ochoa, como los Escalona, proliferan en Holguín y sus alrededores. Arnaldo Ochoa, oriundo del caserío de Cauto Cristo y destinado a morir poco menos que crucificado, era un oficial de la columna de Camilo Cienfuegos que parecía estar especialmente dotado para la guerra. Y lo estaba. Venezuela fue el punto de partida de sus andanzas de aventurero internacional, que lo llevarían a ser el primero en un país rico en aventureros internacionales. Dicen que la guerrilla de la que formaba parte fue desbandada por el ejército venezolano (que quizás no era de los mejores, pero que era un ejército), que se quedó solo en la serranía, que se negó a bajar hasta tanto Fidel no le ordenara hacerlo. Dicen; en el régimen por el cual luchaban Arnaldo Ochoa y Ernesto Guevara todos son rumores y misterios. Dicen que fue fusilado por la espalda, atado a una silla, como se fusila a los traidores. La revolución, como Cronos, devora a sus propios hijos, y su apetito parece ser mayor que el del dios helénico.

En aquel entonces, Ochoa era un joven desconocido. Los que ganaban fama eran los comandantes venezolanos. Douglas Bravo, Américo Martín, Fabricio Ojeda, Luben Petkoff. Y los guatemaltecos Luis Turcios Lima y Marco Antonio Yong Sosa. Y los peruanos Hugo Blanco, Luis de la Puente Uceda, Guillermo Lobatón y Ricardo Gadea. Y los colombianos Camilo Torres, el cura que tomó las armas, y Manuel Marulanda, *Tirofijo*, el único que sobrevive armado. Porque los otros murieron casi todos y los que no, abandonaron la lucha que no podían ganar.

Pero en aquellos años nadie pensaba en la derrota. Que algunos murieran era natural, que esta o aquella tropa guerrillera fuese diezmada, también lo era. Mas la Guerrilla, en su totalidad, era invencible, el método infalible para lograr la liberación y poder aplicar después la panacea que curaría todos los males económicos y sociales: la nacionalización de los bienes propiedad de los *trusts* imperialistas.

La guerrilla curaría no sólo los males sociales; también los personales. Si alguien sufría un tropiezo, un fracaso, una pequeña decepción, que grandes no las había entonces, se ponía inmediatamente a soñar con la guerrilla, con la marcha hacia remotas montañas para llevar la felicidad a venezolanos, guatemaltecos, peruanos o paraguayos. Por supuesto, como en Cuba ya había dejado de existir la anarquía capitalista y todo estaba (y aún está, aunque no por mucho tiempo) planificado, tales sueños liberadores rara vez se cumplían. Luchar en tierras extrañas por la liberación de nuestros hermanos constituía un privilegio que era necesario merecer. Me pregunto cuáles serían los merecimientos que le permitieron a Tony Briones morir acribillado en un lugar de nombre tan malsonante como Machurucuto.

La del Che Guevara, ciertamente, no era la voz que clama en el desierto. Oídos receptivos no le faltaron a su clamor, y como, a diferencia de Fidel, no era hombre capaz de ordenar lo que no estaba dispuesto a hacer, su regreso a las montañas era inevitable.

Quizás estaba harto del carácter de su jefe y amigo, a la vez taimado e iracundo. Quizás no pudo sufrir que los hermanos Castro lo recibieran con caras adustas a su regreso de una conferencia en Argel donde afirmó que los países socialistas participaban de la explotación del Tercer Mundo a través de los precios del mercado mundial. Quizás sentía una creciente repugnancia por el creciente lujo de que se rodeaban sus compañeros de lucha. Quizás comprendiera que comenzaba a sobrar en un país en el que era amado y admirado, pero que no era el suyo.

Todo esto es posible pero no fundamental. El Che Guevara construía sus criaturas teóricas a partir de la auto-contemplación. El Hombre Nuevo se basaba en su propio desinterés por los bienes materiales y su amor al trabajo, y no tomaba en cuenta que el interés por esos bienes ha sido un factor de máxima importancia en el desarrollo económico y que el común de los hombres trabaja por necesidad. El guerrillero como hacedor del destino político de los pueblos pobres está construido también a partir de si mismo. Si la guerrilla estaba destinada a triunfar, como él creía, era lógico inferir que la victoria sería más temprana y completa si en la contienda participaba el Guerrillero Máximo, Cristo y San Pablo en una pieza, o sea, él.

Además, como Bolívar, Guevara amaba la lucha. Su amigo Fidel Castro sólo ama el poder y como las orcas, las ballenas asesinas, es absolutamente monógamo...al menos en lo que a la política se refiere.

El Che se fue a la guerra. No fue dolor ni pena sino sorpresa lo que sentí al saber su nuevo destino guerrillero: el Congo. ¿Qué buscaba allí? La llamada América Latina hervía de guerrillas, pero él se fue al Congo. Nada puedo decir de esta extraña aventura, extraña entonces, aunque premonitoria. Nadie podía imaginar en 1965 que África se convertiría en el escenario principal de las aventuras castristas; que soldados cubanos combatirían durante trece años al otro lado del rio Congo, aunque no siempre entre los árboles; que Jonas Savimbi, uno de los hombres del Che en la guerrilla congolesa, sería el principal enemigo de los cubanos fidelistas en Angola; que el oficial de Camilo que combatió en Venezuela, ya general, sería el artífice de una relampagueante victoria en una guerra escenificada cerca de las costas del Océano Indico; que el general, Ochoa, sería fusilado por lo que se llamó «alta traición»

CAPÍTULO VII
DESASTRE EN EL CONGO.
HOARE Y LOS CUBANOS

Como mambrú, el de nuestros cantos infantiles, «el Che se fue a la guerra, no fue dolor ni pena, sino sorpresa...». pero, ¿a cuál, qué guerras siempre hay mas de una? ¿al Congo? la palabra resulta familiar para los cubanos, congas se nombran dos tambores casi idénticos, la tumbadora y el quinto, muy importantes en nuestra música. la conga es un baile callejero de carnaval. la jutía conga es una de nuestras pocas especies de roedores. pero esas palabras se refieren a la costa de el océano atlántico donde desemboca el gran río que le da nombre al país. De alli partieron hacia cuba barcos cargados de esclavos que llevaron a la isla un número importante de nuestra población negra.

Pero el Congo es muy extenso, uno de los diez países de mayor extensión territorial, y la región que el Che Guevara fue a «liberar» está a más de 2000 kilómetros de la costa desde dónde eran llevados a Cuba los esclavos. Ninguna relación hay entre nosotros y los pobladores de esas lejanas tierras. Ernesto Guevara fue allí porque era el escenario más intenso de la perenne guerra civil en que ha vivido ese país desde su independencia.

Con el Che fueron unos cien cubanos, el núcleo de hierro de la hueste guevarista, que se complementaba con varios cientos de «*simbas*», tribeños armados, formando así la tropa más numerosa que jamás mandara el Che Guevara. «*Simba*» significa «león» en swahili, la lengua de la región, pero eran más bien gatos y no contribuirían en nada a aumentar el aprecio del argentino por los negros.

Pero lo peor era el enemigo que debían enfrentar: un contingente de soldados de fortuna surafricanos, franceses, belgas y de otras nacionalidades, mandado por un irlandés nacido en la India y establecido en Suráfrica llamado Mike Hoare, un oficial competente y batallador similar a Ángel Sánchez Mosquera, aquel que tan malos ratos le hizo pasar al Che en la Sierra Maestra. y como si esto fuera poco, y poco no era... cubano.

Acosado por la tropa de Mike Hoare y por la pequeña, pero eficaz aviación provista por la CIA con pilotos cubanos, los guevaristas y sus *simbas*, retrocedieron y retrocedieron a lo largo de la ribera del lago Tanganika, hasta que el Che comprendió que el territorio a donde era posible retroceder se le acababa y que no tenía más opcion que la huida. Embarcó pues, con sus hombres, y huyó hacia Tanzania, en la ribera oriental del lago.

El Che embarcó a su tropa en cinco lanchas artilladas, que algunas versiones reducen a cuatro o a tres, y partieron hacia Tanzania. pero en el lago los esperaban dos lanchas artilladas, que algunos dicen que fueron tres, tripuladas por... cubanos.

Tiene lugar entonces el episodio más surrealista de nuestra surrealista historia: un combate naval entre cubanos con el para nosotros remoto e ignoto lago Tanganika como escenario.

Testigos cuentan que de las lanchas que intentaban huir, una parecía estar bajo la protección de las otras, dos de las cuales fueron hundidas. En la que protegían las demás iba el Che Guevara, que logró llegar sano y salvo a Tanzania para acogerse a la protección de Julius Nyerere, uno de los tiranuelos africanos que coqueteaban con el socialismo.

Los sobrevivientes de la desastrosa aventura regresaron a cuba. No asi el Che, que tampoco permaneció en tanzania, pues no parecía sentirse bien entre negros. Poco tiempo después se marchó a Checoslovaquia, donde permaneció hasta que Fidel lo mandó a buscar. El Che regresó, derrotado, al país a cuya sombra había labrado su leyenda.

CAPÍTULO VIII
TAMARA BUNKE

Lo más sorprendente de todo es que la aventura Congolesa sucede en 1965. En marzo de 1964 el Che había ordenado a Tamara Bunke radicarse en Bolivia, establecer relaciones con los grupos de poder militar y económico, estudiar a fondo el país.... y esperar. Tamara llegó a Bolivia el 18 de noviembre.

Hablemos de Tamara Bunke, esa extraña mujer a quien el Che bautizó como Tania la Guerrillera. Nacida en la Argentina, hija de comunistas alemanes fugitivos del régimen nazi, en 1952 sus padres deciden regresar a la patria, por supuesto a la hoy difunta República Democrática Alemana. La fe marxista de los Bunke se expresa tanto en ese regreso como en el nombre ruso de su hija.

Tamara está a punto de cumplir 15 años cuando abandona la que es su tierra. Ernesto Guevara anda por esos mundos, aunque pronto regresará para terminar sus estudios de medicina, Evita acaba de morir y hace pocos meses ha muerto también la democracia en Cuba. En la tierra de sus padres, donde vivirá poco mas de 8 años, la joven argentina se adapta con rapidez y facilidad al stalinismo: apenas salida de la adolescencia, es admitida en el hoy también difunto Partido Comunista, que en la R.D.A. se llamaba Socialista Unificado. Hay ciertas defunciones a las que resulta agradable referirse, lo cual me trae a la memoria una de aquellas frases más o menos célebres que podían leerse en los textos de Historia de nuestro antiguo bachillerato: «Todos aplauden tu caída, Nínive, porque, ¿quién no ha padecido tu maldad?» Asirios y comunistas, gente de mal recuerdo.

No pensaba así Tamara Bunke. Sueña con regresar a su natal Argentina para colaborar con el partido comunista de allá, tan opresivo y totalitario como aquel en que ya militaba, como el otro del que era miembro Antonio Núñez Jiménez, el primer personaje cubano que conoció, un sujeto repelente a quien el Che nombró capitán por motivos que ignoro, ninguno de los cuales puede haber sido su inexistente valor, que en 1980 organizó un «acto de repudio» dentro de un avión para martirizar a unos infelices que se dirigían a Mariel.

Tamara es una muchacha robusta y hermosa, de rostro extrañamente cambiante, a veces bonito, nunca bello, de ojos azules y magníficas piernas, buenas no sólo para la contemplación sino también para la carrera: a los doce años era capaz de correr 75 metros en 11,6 segundos. Es también una excelente tiradora, habla a la perfección y sin acento extranjero los importantes idiomas de sus dos patrias y todo parece indicar que poseía una personalidad fascinante. Con sólidas convicciones ideológicas, atractiva de cuerpo y de espíritu, bien dotada para las lenguas y para las armas, y con una fuerte vocación aventurera: un elemento ideal para los servicios secretos. No soy un experto en la materia pero si lo eran o empezaban a serlo los cubanos encargados de exportar la subversión, quienes la reclutaron en marzo de 1963, 22 meses después de su llegada a Cuba. Aunque quizás la idea no fue de ellos, sino de los soviéticos que les servían de maestros y asesores. O del propio Che.

Uno de los lujos que más han disfrutado los representantes revolucionarios del proletariado cubano son los viajes por esos mundos de Dios. ¡Qué manera de viajar la de esos condenados! No ha existido jamás una casta gobernante con tantas horas de vuelo. Los viajes fueron el único privilegio al que no pudo o no quiso sustraerse el Che Guevara: América del Norte, del Sur (donde llegó hasta Montevideo, sobre el Río de la Plata, en cuya rivera opuesta se extendía la lejana tierra suya) Africa, Asia, Europa. Solo le faltaron, que yo sepa, Australia y las islas de Oceanía; aunque bien pudiera haber estado en la Polinesia francesa en su viaje final hacia la muerte. El Che viajó, viajó y viajó, y en uno de sus primeros viajes, en diciembre de 1960, en la R.D.A., escuchó la música del acento natal en la voz de una joven alemana que era en realidad argentina. La música le agradó, como es natural, y también el instrumento del cual provenía: Tamara Bunke lo acompañó a Leipzig en calidad de intérprete.

Pocas semanas después Tamara ejerció similares funciones con Alicia Alonso, una dama que parece fruto de los amores de Galina Ulánova y Lavrenti Beria, aunque, por supuesto, no lo es. Su trabajo fue satisfactorio, pues Alicia Alónsova (*Copyright* G.C.I.; la tilde es mía) y su entonces esposo, el gran *maitre* Fernando, y es posible que alguien más, la recomendaron con entusiasmo, a resultas de lo cual Tamara Bunke llegó a La Habana en mayo de 1961.

Sorprende el tratamiento que se le dio a la joven argentina: 260 pesos de sueldo y un apartamento de tres habitaciones. Al menos me sorprende a mí, que llegué a ganar 265 bastante pasados los cuarenta y gracias a mi título universitario, y que he vivido siempre no en «un cuarto oscuro y miserable». como dijera alguien en amigable exageración, pero sí en un apartamento de una habitación, exiguo para un matrimonio con dos hijos. Sorprende también porque es sabido que el gobierno revolucionario siempre ha fomentado la frugalidad y el estilo de vida espartano entre sus empleados de mediana y baja categoría.

Instalada en Miramar, nombre generador de remembranzas, la veloz Tamara se dedica a ganar amigos e influir sobre las personas, actividades para las que está muy bien dotada. Tantos amigos gana y tanto influye que antes de que se cumplan dos años de su arribo es llamada por *Barba Roja* (o por quien fuera) y se une a las gloriosas huestes de los «héroes anónimos».

Su entrenamiento y la elaboración de su «leyenda» nos costarán un ojo de la cara a los hombres más o menos comunes que pagamos los gastos de los aventureros; al menos de estos aventureros: Haydee Bídel González y Marta Iriarte deambulan por Alemania (la federal, no la suya), Austria e Italia. Vittoria Pancini, italiana ella, no llega a ser alumbrada; en su lugar nace Laura Gutiérrez Bauer. Argentina porteña, de ascendencia alemana por la línea materna, etnóloga de profesión, llega a Bolivia y pone manos a la obra. Al poco tiempo ya cuenta con excelentes relaciones que incluyen un esposo boliviano. Tania espera al Che.

Hablando de relaciones, de Tania y del Che, es difícil no inquirir acerca de los lazos personales que unían a estos dos revolucionarios y andariegos argentinos. ¿Fueron amantes en Berlín, en Leipzig? ¿Lo fueron en La Habana? De ser así, el Che no era un hombre celoso. Las señas particulares que da Tamara del hombre «a quien entregó su amor y *contaminó* con lo mejor de sus virtudes revolucionarias» (el subrayado es mío, pero juro por todos los santos que la cita es textual, tomada del libro *Tania, la Guerrillera Inolvidable*) no parecen corresponder a Guevara: «flaco, alto, bastante negro, típicamente cubano, muy cariñoso...». Ni alto ni flaco, yo diría que el Che era bastante blanco y calificarlo de típicamente cubano me parece una exageración; ignoro lo referente a su capacidad para el cariño individualizado, pero casi siempre carecen de ella los que aman intensamente a la Humanidad.

Según sus propias palabras, los revolucionarios de vanguardia, los amantes de las masas desposeídas «tienen que idealizar ese amor a los pueblos, a las causas más sagradas y hacerlo único, indivisible.« No pueden descender con su pequeña dosis de cariño cotidiano hacia los lugares donde el hombre común lo ejercita».

Supongo que el Che Guevara también se negaba a descender hacia los lugares donde el hombre común ejercita su curiosidad. Los hombres descomunales, sobre todo aquellos que practican los ritos del marxismo-leninismo, son muy aficionados al misterio.

La curiosidad en torno a Tamara Bunke va mucho más allá del simple deseo de conocer eso que algunos llaman «el lado humano» de un personaje famoso. Tania no fue, en todo caso, una mujer más en la vida de Guevara, sino la mujer relacionada con el final que esa vida tuvo.

Acabo de utilizar una frase hecha, un lugar común: «el lado humano». ¿Acaso implica que existe en los grandes hombre un lado inhumano? Creo más bien que la intención de esos seres de las alturas es hacernos creer que son sobrehumanos, «el escalón más alto» de la especie. Por eso necesitan rodearse de misterio.

Y misterios no faltan en torno al Che Guevara. El 24 de febrero de 1965 pronuncia su discurso en Argel en el que ataca a la URSS; el 15 de marzo, Fidel, que también ataca a la URSS mientras acepta dinero soviético, lo recibe en el aeropuerto de Rancho Boyeros, último lugar donde «el hombre común» de Cuba verá, vivo o muerto, al Che Guevara; el 15 de abril, Fidel declara a un periodista que el Che «está donde es útil»; el 3 de octubre anuncia su partida y lee la carta de despedida. «El hombre común» de Cuba no volverá a saber de él hasta mediados de 1967, cuando el Mensaje a la Tricontinental. Del 15 de marzo de 1965 al 7 de noviembre de 1966, primera fecha de su *Diario* boliviano, todo es misterio. Se sabe que estuvo en el Congo; al parecer, también en Mozambique. En noviembre de 1966 llega a Bolivia donde lo espera, hace ya dos años, Tamara Bunke. Otra dama, no tan bien parecida, también espera por él allí.

CAPÍTULO IX
BOLIVIA

«A Roberto Luque, guía de aborígenes australes cegado por el resplandor de la Revolución Cubana...»; así comenzó John William Cooke la dedicatoria de un libro suyo que le presté a Silvina Stamponi y aún no me ha devuelto. *El Bebe Cooke*, a pesar de su nombre, era bien criollo y bien porteño, y amaba la ironía, pero en las palabras que cito lo irónico no puede ocultar lo verdadero. Cegado estaba, Cooke, cuya obesidad lo hacía demasiado lento para la guerrilla y demasiado llamativo para el clandestinaje, donó sus córneas antes de morir de cáncer.

Juan Gelman acusa a la jefatura de Montoneros de haber hecho «una mala lectura de la Revolución Cubana». Es verdad, aunque hay otra verdad de mayor tamaño: el primer argentino que hizo una mala lectura de la susodicha no fue Mario Firmenich; tampoco John William Cooke ni Roberto Quieto ni Jozami ni Masetti, sino Ernesto Guevara de la Serna, la segunda figura de nuestra calamitosa revolución y su teórico más importante, por no decir el único.

Esa mala lectura, que se convirtió en mala escritura, lo llevó a Bolivia, donde lo esperaba desde hacía casi dos años la costosa Tamara Bunke; Bolivia, que compite con Paraguay por el título del país más remoto del mundo hispánico, aunque muy hispanos no son ni uno ni otro.

¿Por qué Bolivia? ¿Por qué no Salta, una región de características similares aunque menos hostil, geográfica y humanamente, y además argentina? Estaban los ejércitos: mejor vérselas con el boliviano, que había sido desbandado en 1952, apenas 14 años atrás, y reconstruido a partir de entonces con los escasos recursos de un país pobre; la guerrilla guevarista no estaba concebida como pobre: tenía (o esperaba tener) el apoyo de un estado que gastaba alegremente en la subversión su dinero y el ajeno.

Además del ejército, en Argentina estaba también la Gendarmería, cuerpo de guardafronteras cuyos miembros estaban hechos a la vida rústica; mala comida, los gendarmes. Estaba, por ultimo, la situación geográfica: Bolivia tiene fronteras con cinco países que incluyen a los dos gigantes suramericanos.

¿Algo más? Puede ser. El comunismo tiene su caldo de cultivo en la miseria y Bolivia es un país miserable. Pero el Che Guevara pudo haber tomado en cuenta que el único país donde el comunismo había triunfado, Cuba, no estaba entre los más pobres de América.

El 5 de diciembre de 1958 decidí celebrar mis 22 años en Cuernavaca, tomé un tren lechero que me condujo a esa ciudad y descubrí, saliendo de México, un barrio de casuchas que parecía ser tan grande como Holguín. El Che, que pasó en la capital mexicana casi tanto tiempo como yo, pudo haber comparado aquella inmensa aglomeración de indigentes con los pequeños focos de miseria que encontró en La Habana. No lo hizo. Los marxistas, como todos los doctrinarios, prestan atención únicamente a lo que conviene a sus doctrinas. Sólo que Guevara se jugaba la vida por ellas.

Otro factor no tomado en cuenta fueron las tan llevadas y traídas «lecciones de la Historia». En su introducción al *Diario del Che en Bolivia*, Fidel, furioso con los bolivianos que pretendían dirigir la revolución en su propios país, señala que Bolivia toma su nombre del venezolano a quien todos conocemos como *El Libertador* y que su capital histórica, la antigua Chuquisaca, se llama Sucre. Se le olvidó consignar que el Mariscal de Ayacucho, primer presidente de Bolivia, cuando comprendió que los ciudadanos del país que gobernaba con la equidad y moderación que le eran propias no lo querían, y decidió marcharse con su ejército, fue despedido con gritos de «¡Fuera mulatos»! Sucre no era mulato pero gran parte de sus soldados eran zambos llaneros. Entre los diecisiete cubanos que formaban el Ejército de Liberación guevarista, había un negro, el llamado Braulio, y algunos mulatos; la mayoría eran algo peor aún a los ojos de campesinos quechuas y aimaraes: eran blancos, y su acento, la cadencia de su hablar y su gestualidad les eran tan ajenos como los que distinguían a los llaneros venezolanos, costeños neogranadinos y otros seres extraños que formaban la tropa de Bolívar y Sucre.

Una idea pierde prestigio y eficacia cuando la expresa un hombre mediocre. Por el contrario, teorías ajenas a la realidad pueden convertirse en artículos de fe si sus valedores son personalidades de la talla de Simón Bolívar y José Martí. Así ha sucedido con la unidad hispanoamericana. Lo cierto es que Ernesto Guevara y sus cubanos no tenían con los bolivianos otro nexo que no fuera la lengua castellana. Cuando un boliviano sólo habla quechua o aymará, o habla español como lengua ajena, de los dominadores, entonces la comunicación no existe o es ínfima. Con perdón de Bolívar y de Martí y del Che Guevara: la unidad hispanoamericana desapareció, al parecer definitivamente, en 1824, cuando Sucre venció a La Serna en Ayacucho. Con Fidel no me disculpo porque él no cree para nada en ese mito aunque lo utilice para sus fines personales.

Por último, quiero referirme a la escasa vocación guerrera que muestra el campesinado indígena de los Andes centrales, esos pueblos que pasaron de las manos de la teocracia militar inca a las de los virreyes españoles y de éstas a las de los oligarcas criollos, siempre como parte del botín de los vencedores, siempre de espectadores de los acontecimientos que decidían su destino. La carga de Francisco Pizarro y sus compañeros en Cajamarca fue propia de hombres que se consideraban invencibles y que casi lo eran, pero es evidente que el ejército del inca Atahualpa era más oropel que otra cosa; Cortés tuvo que pelear duro en México y no le faltó su Noche Triste, Valdivia se las vio negras con los araucanos en el Sur y no olvidemos a los pampas *desmelenaos*, que se comieron a Juan Díaz de Solís en 1516 y aún luchaban contra Julio Argentino Roca en 1879.

Cuando las luchas por la independencia, fueron rioplatenses, chilenos, neogranadinos y venezolanos los que llevaron la contienda al Perú y al Alto Perú. En esta era de las guerrillas los intentos de establecer focos insurgentes en los Andes peruanos habían terminado siempre en el fracaso y la situación no varió hasta el surgimiento de Sendero Luminoso, años después de muerto el Che Guevara.

En suma, que no resulta fácil comprender las razones que impulsaron a Guevara en la elección de su nuevo escenario guerrillero; en todo caso, ésta no dice mucho en favor de su talento estratégico. «Soldado, no soy tan malo». dice a sus padres en su segunda carta de despedida. Ni tan bueno, diría yo.

Lo cierto es que escogió a Bolivia como foco primario de su revolución continental y allí llegó en los primeros días de septiembre de 1966. Entra por Cochabamba, lo que me hace pensar que viene de Brasil, y lo acompaña Alberto Fernández, que estará con él hasta el final, hasta la muerte del uno y la captura del otro en la quebrada del Yuro.

Por más que trato, no logro imaginar las conversaciones entre Ernesto Guevara, el celebre Che, y Alberto Fernández, el fiel y olvidado Pachungo. En las largas tardes de encierro en el apartamento — cuartel de la calle Guttenberg, Pachungo no podía resistir más allá de 10 minutos de conversación política. El pobre, se aburría como un ostión en el mangle y siempre intentaba cambiar de tema. «Dejen eso.— decía — Vamos a hablar de mujeres». ¿Hablarían de mujeres, de *minas*, el Che y Pachungo? ¿Se escucharían en la hosca sierra boliviana los nombre de Chichina, de Hilda, de Aleida, de Rosa María? ¿O bien Pachungo se armaría de paciencia y escucharía sin chistar las disquisiciones de su jefe sobre el Hombre Nuevo, la Revolución Continental y el fin ineluctable del Imperialismo *Yankee*? Quizás ambas cosas. El peligro, real o potencial, acorta las distancias entre los hombres más disímiles. Además, el Che debe de haber comprendido, como lo comprendí yo mucho antes, que Pachungo era una excelente compañía en situaciones de riesgo. Era un muchacho muy duro.

Al principio, el peligro fue sólo hipotético. El líder y su hombre de confianza llegan y se instalan tranquilamente en una finca comprada con dinero cubano. Porque el Che había mentido en su carta de despedida leída por Fidel ante el Primer Congreso del Partido Comunista, al decir que ningún lazo lo ataba a Cuba ni a su gobierno. Cuba y su gobierno, es decir, los contribuyentes cubanos, habían pagado los gastos. Todos los gastos. Guevara era una persona fundamentalmente veraz, pero había pasado casi diez años junto a Fidel Castro y bien conocidos son los efectos que ocasiona el andar en malas compañías.

Llegó, pues, el Che Guevara al escenario de su postrer campaña. Ya estaban allí Tuma, su ordenanza de muchos años y el capitán Villegas, uno de esos mulatos que tanto desagradan a los bolivianos y hombre destinado a sobrevivir. Pocos días después, vía Sao Paolo, llegaron el comandante Antonio Sánchez, *Pinares*, y el capitán Eliseo Reyes, *San Luis*. Llegarán más comandantes (Vilo Acuña, Gustavo Machín), más capitanes (Pantoja, Suárez Gayol), hasta un total de diecisiete cubanos, todos veteranos de la lucha contra Batista; todos oficiales del Ejército Rebelde menos Machín, hombre del Directorio.

No eran, como la que vino en el *Granma*, una tropa de bisoños sin bautismo de fuego. A excepción de Pachungo y Suárez Gayol, que se incorporaron a la lucha en la etapa final, la del asalto a las poblaciones, y del médico Octavio de la Concepción y de la Pedraja, los hombres del Che estaban acostumbrados a la vida guerrillera. ¿Lo estaban en realidad? Lo habían estado. La mayor parte de ellos llevaba casi ocho años disfrutando de las comodidades materiales que la Revolución Cubana otorga a sus hacedores. Regis Debray, epígono teórico del Che Guevara, afirma en su libro *Revolución en la Revolución* que la vida en la ciudad ablanda al combatiente, afirmación absolutamente estúpida cuando se refiere a los que luchan en la clandestinidad, pero cierta cuando se habla de una casta revolucionaria en el poder. El Che tendría oportunidad de comprobarlo.

Distinto principio, distinto final. Todo fue distinto a lo de Cuba. Pero al principio fue mejor, mucho mejor. No hubo desembarco en ningún manglar infecto ni desbandada bajo un aguacero de plomo ni pérdida del 80% de la tropa a las primeras de cambio. El Che y sus hombres se instalaron no cómoda pero si tranquilamente en la finca serrana, cavaron túneles y trincheras, estudiaron el terreno con calma y meticulosidad, escondieron lo que había que esconder, se habituaron o trataron de habituarse al nuevo *habitat* y, 83 días después de la llegada del jefe, iniciaron la campaña.

Pero antes hablaron con Monje. Hablaron no: habló Ernesto Guevara con Mario Monje, Secretario General del Partido Comunista Boliviano, un stalinista creyente en las verdades eternas y absolutas del marxismo-leninismo, en la lucha de masas, en el papel rector de la clase obrera y su destacamento de vanguardia, en la alianza obrero-campesina; que contemplaba la crisis general del capitalismo y el cambio en la correlación de fuerzas con una mezcla de júbilo y embeleso; que consideraba a los soviéticos un pueblo de gigantes y a la Revolución de Octubre el acontecimiento mas importante de la Historia de la Humanidad. En suma: uno de esos sujetos que forjan el futuro poniendo todas sus fuerzas en tensión.

Monje no era ni más ni menos stalinista que los capitostes del Partido Socialista Popular cubano con quien el Che mantenía discusiones que él mismo calificaba de fraternales. Sin embargo, la discusión con el boliviano no fue en absoluto fraternal. Blas Roca, Lázaro Peña, Carlos Rafael Rodríguez y los que me faltan sabían cual era su lugar, mientras que Monje parecía ignorar el suyo. El Che, por su parte, adoptó con él la misma actitud que cuando arribó al Escambray. No hubo arreglo y la guerrilla guevarista quedó sin apoyo urbano, lo cual no pareció preocupar a su jefe. Después de todo, según sus teorías, el foco guerrillero era capaz de crear las condiciones necesarias para la revolución. Convencido de su capacidad para poner en marcha un milagro social con solo un puñado de hombres, cegado por la deificación que ha hecho de si mismo, Guevara rompe con Monje y se dispone a iniciar su campaña liberado de compromisos y alianzas que le resultan molestos.

La inicia el primero de febrero, y al principio parece mas una marcha de *boy scouts* que una guerrilla en marcha. Los sobrevivientes del desastre del *Granma* atacaron el cuartelillo de La Plata siete semanas después de ser desbandados en Alegría de Pío, pero en aquella tropa había ya hombres de la tierra, campesinos serranos que servían de prácticos y daban además, a los expedicionarios, la sensación de estar en el lugar debido, de haber llegado adonde se les esperaba aunque nunca hubiesen oído hablar de ellos, de ser la respuesta a una necesidad. En su andar por las estribaciones andinas, el Che no encontrará algo ni siquiera parecido. Serán 250 días de soledad.

Durante las primeras semanas nadie los persigue pues se ignora su presencia. Sin embargo, aquello no funciona. La muerte comienza su conteo regresivo: un boliviano, luego otro, mueren ahogados en el cruce de ríos. Los cubanos, los fogueados veteranos de la lucha contra la dictadura de Batista, saben nadar, pero algunos parecen incapaces de controlar su mal humor y otros tampoco pueden controlar su apetito cuando el rancho comienza a escasear; las latas de leche condensada se convierten en generadoras de conflictos entre hombres que antaño habían conocido las penurias pero que parecían haberlas olvidado. Para desesperación del Che, los presuntos ocupantes del escalón más alto de la especie humana pelean entre si por bagatelas. Años después, en un lugar de Colombia de cuyo nombre no puedo olvidarme (Rincón de los Viejitos Buenos), el comandante Carlos Pizarro afirmó, ilustrando su afirmación con nombres y apellidos, que entre los combatientes de la guerrilla no faltan hijos de puta, algo que yo sospechaba desde hacía tiempo.

El enemigo principal durante estas primeras semanas es el hambre. «El ánimo de la gente está bajo». escribe el Che; y tres días después: «La gente está cada vez más desanimada». Son los primeros días de marzo, la quinta semana de la marcha. A pesar de la prolongada preparación, del dinero abundante, la guerrilla guevarista pasa hambre: pajaritos, loros, gavilanes y monos refuerzan el magro condumio.

Como vayan los cubanos, así irá la guerrilla. Los cubanos se desaniman, se tornan irritables, exasperan a su jefe, pero ninguno de ellos parece haber considerado siquiera la idea de abandonar la empresa.

El hombre que mejor ilustra el desempeño de los cubanos en Bolivia es Marcos. El comandante Antonio Sánchez, a quien sus compañeros de la Sierra Maestra rebautizaron *Pinares*, no es ya el que fue. Apenas llevan tres semanas de marcha cuando comienzan a aparecer en el diario del Che sus primero preocupadas y luego furiosas menciones a la conducta de Marcos, quien no cesa de joder la pava con su agresividad y falta de equilibrio. ¿Qué le sucede al comandante *Pinares*? Imposible saberlo, aunque fácil es suponer lo que resulta evidente: sabe que está en una trampa y teme no poder salir de ella. Y no saldrá. Pero cuando al Che se le agota la paciencia y amenaza con expulsarlo, el conflictivo *Pinares* contesta que antes morir fusilado.

«La moral de la gente es baja». escribe Guevara el 15 de marzo; sus hombres han perdido parte de su fortaleza de espíritu. «Todo da la impresión de un caos terrible; no saben qué hacer». añade el día 20; también han perdido eficacia. ¿Hizo acaso, una mala selección? No. Ocho años de buena vida y mala conciencia han mermado la dureza de estos hombres, pero ni uno solo se mostrará cobarde, todos seguirán a su jefe hasta la muerte, catorce de ellos morirán y si tres se salvan es porque ese fue el destino que les tocó en suerte.

Todas las revoluciones llevan en si un germen corruptor nacido de la tentación, casi siempre irresistible, de adoptar el modo de vida de aquellos a quienes se desplazó del poder. Los revolucionarios cubanos que siguieron al Che ya habían comenzado a corromperse, pero la causa fundamental de su mal desempeño en Bolivia está en la inevitable comparación con su experiencia anterior: esta guerra no era como aquella, estos campesinos indios no eran como aquellos guajiros de la Sierra Maestra y el Escambray, esta naturaleza hostil no es la de Cuba. No hay entusiasmo que resista a la comprensión de que la empresa emprendida carece de sentido. Sólo los que, como el Che, padecen de manía mesiánica pueden marchar impávidos después de comprender que la marcha es absurda. Desalentados, furiosos, tristes, los cubanos de la guerrilla boliviana marchan hacia la muerte.

Antes de morir enviaran al otro mundo a unos cuantos nativos. El 23 de marzo, apenas tres días después de la afirmación un tanto despectiva de su jefe, embocan a una tropa, le causan 25 bajas, entre ellas siete muertos, y se apoderan de un botín que incluye tres morteros y hubiese bastado para bien armar a un nuevo pelotón... si hubiera habido hombres para formarlo. Unos días antes habían llegado la germano-argentina Tamara Bunke, el argentino Ciro Roberto Bustos y el francés Regis Debray; también el peruano Juan Pablo Chang y varios de sus hombres, con los que contaba para fomentar en su país un foco guerrillero financiado por el nuestro. Al *Chino* lo conocí en la Conferencia Tricontinental, aquella gran parranda revolucionaria celebrado en enero de 1966, en la que serví de guía (algo así como edecán) a la delegación peruana, lo cual me permitió conocer a Hilda Gadea, a los anticuchos, a Mario Vargas Llosa y a la prima Patricia; estos dos últimos no deben acordarse de mí pues estuve muy calladito en el almuerzo que compartimos. *El Chino* era como lo describe el Che: un entusiasta. Siempre alegre y dinámico, usaba un pseudónimo sumamente castizo (Javier Venegas o algo por el estilo), del todo incongruente con su rostro de rasgos tan asiáticos como los de Bruce Lee. Debía fundar un foco guerrillero en la zona de Ayacucho, el cual iniciaría sus operaciones en septiembre u octubre de 1967, cuando sus promotores hubiesen adquirido suficiente experiencia combativa en Bolivia y hubiese llegado suficiente dinero de La Habana. Pero el efusivo chino-peruano nunca llegaría al Rincón de los Muertos; en su lugar se alzó, años después, Abimael Guzmán, que sacó a los indios de su atonía prometiéndoles el exterminio de los blancos: Sendero Tenebroso.

Conocí a muchas personas interesantes durante mis labores de guía en el Instituto Cubano de Amistad con los Pueblos, pero entre ellos no estuvo Tamara Bunke. Lástima. Quizás me hubiese servido de algo conocerla, ahora que debo escribir sobre ella y tratar de entender cuál fue su papel en esta tragedia hispanoamericana.

«Tania hizo los contactos y la gente vino, pero según ella, se la hizo viajar en su *jeep* hasta aquí y pensaba quedarse un día pero se complico la cosa». escribe el Che con fecha 2 de marzo. ¿Qué causó la complicación? ¿El haber dejado el *jeep* en la plaza de un villorio en vez de ocultarlo en la espesura? Resulta difícil creer que la inteligente, bien entrenada y experimentada Tania cometiese tal error. «...se perdió el *jeep*». dice el Che en su diario el día anterior. ¿Cuál *jeep*? ¿El de Tania? El 27 de marzo, 4 días después del primer combate, el gobierno da su versión del hecho y...«Todo parece indicar que Tania esta individualizada con lo que se pierden dos años de trabajo bueno y paciente». ¿Quién pudo haberla individualizado? ¿Acaso sirvió para ello algún documento olvidado en el dichoso *jeep*, como dice Georgie Ann Geyer en su *Guerrilla Prince*?

Quizás estas incógnitas no son tales. En todo caso, el tamaño de mi ignorancia servirá para ilustrar lo estricto del bloqueo informativo que Fidel Castro le ha impuesto a su gobernados.

¿Quién era en realidad Tamara Bunke? ¿Trabajaba para la KGB? ¿Servía al Che Guevara o a la Santa Madre URRS? Lo cierto es que el Che la aparta de si. Tania enferma con fiebre alta, y a pesar de que los dos médicos de la guerrilla, Concepción y el propio Guevara, marchan con la vanguardia, éste la asigna al grupo de retaguardia comandado por Vilo Acuña. No la volverá a ver. El grupo de Acuña será aniquilado en los primeros días de septiembre luego de cuatro meses y medio de vagar por la serranía santacruseña. Cuando la radio anuncia el hallazgo del cadáver de Tamara, el Che la bautiza para la Historia: *Tania la Guerrillera*. Pero no fue la guerrilla para lo que se le entrenó.

El 10 de abril, una semana antes de que Tania fuese asignada al grupo de Acuña, la guerrilla tuvo su primer muerto en combate: Jesús Suárez Gayol, *El Rubio*.

Aunque no llegué a conocerlo, Suárez Gayol ha sido una persona muy importante en mi vida. Nunca nos encontramos, pero ambos formábamos parte de la expedición de refuerzo que Pedro Miret debió traer a Cuba en 1958. Miret voló a la Sierra sin encomendarse a Dios ni al diablo y dejó a sus hombres sin jefatura visible; Suárez Gayol por su parte, al verse sin jefe, no se le ocurrió nada mejor que partir hacia Cuba con las armas y el barco dejados a su custodia y 4 o 5 hombres que con él estaban. El desembarco fue un desastre del que se salvaron sólo los expedicionarios, 30 fusiles checos de los más de cien que venían en el barco y mil cartuchos. En México, sin pasaporte, con una ficha policial esperándolo en el Departamento de Investigaciones de Batista y una furia tamaño familiar, quedaba un muchacho de 21 años que siempre había tenido dificultades para asimilar los conceptos cristianos acerca del perdón.

En aquellos tiempos, de haber tenido la oportunidad, hubiese intentado convertir en polvo a Jesús Suárez Gayol. Treinta años después, al escribir *Los Niños y el Tigre*, aún me referí a él con rencor, y lo hice porque todavía quedaban en mi mente restos de una idea absolutamente absurda: el atolondrado muchacho camagüeyano — pensaba yo— me había cerrado la puerta que daba acceso al heroísmo.

De los más de cuarenta hombres del grupo de Miret que quedaron en México muy pocos lograron llegar a Cuba y combatir. Pachungo, Pepe Garcerán y Fernandín Vecino, capitanes los tres, tres distintos destinos. ¿Cuál hubiera sido el mío? ¿Morir en tierra ajena y extraña, en una aventura absurda? ¿Morir en Cuba, luchando contra una tiranía, para que mis huesos sirvieran de pedestal a otra peor? ¿Sobrevivir a la lucha, llegar a general y a ministro, para ser, ante todo y sobre todo, un sombrío burócrata servidor de Fidel Castro? Creo que llegó la hora de hacer las paces con Jesús Suárez Gayol, *El Rubio*, muerto en Bolivia el 10 de abril de 1967, enterrado «en una pequeña fosa a flor de tierra dada la falta de materiales».

La primera sangre cubana jamás derramada en ese país tan radicalmente extraño le costó muy cara al ejército boliviano: 11 muertos y 30 prisioneros. No así la segunda: 15 días después muere *San Luis*, el mejor hombre de la guerrilla según el Che, la guerrilla llamada Ejército de Liberación Nacional de Bolivia, que llegó a contar con 47 hombres (lo cual incluía «visitantes») la víspera de su bautismo de fuego en marzo. Para fines de abril han muerto dos hombres, cuatro han sido licenciados, uno ha desaparecido y dos de los visitantes, Debray y Bustos, han caído prisioneros. A partir de ese momento, la guerrilla guevarista será cada vez menos numerosa, a diferencia de su antecesora de la Sierra Maestra, que nunca dejó de crecer. Estará, además, dividida en dos grupos que no volverán a encontrarse, carecerá de todo apoyo urbano y, lo más importante: será abandonada a su suerte (a su mala suerte) por la siempre fiel Isla de Cuba, es decir, por su siempre infiel gobernante. En el *Diario* del Che aparece la frase «aislamiento total». Mientras, en la nueva Roma de la Revolución Mundial, Radio Habana Cuba no cesará de hablar de gloria, historia y victoria, la cacofónica letanía fidelista, mientras reporta acciones guerrilleras «que ponen en jaque a las ciudades». El Che, condescendiente al principio, se refiere a «noticias exageradas»; luego de varios meses de abandono material y ofensiva propagandística le dará vía libre a su ironía rioplatense y calificará la recepción en La Habana de un supuesto mensaje suyo como «¡milagros de la telepatía!»

En mayo, junio y julio, la guerrilla trashuma por las serranías. Con el Che han quedado 25 hombres; el resto, destinado al aniquilamiento, marcha bajo las órdenes de Acuña. El 8 de mayo emboscan a una pequeña tropa con tres muertos y 10 prisioneros como resultado; serán los últimos prisioneros que hará la guerrilla guevarista. El 30 y 31 mueren otros cinco soldados en sucesivas escaramuzas. Caminan y caminan, y el 23 de junio aparece por primera vez en el *Diario* la palabra «asma». que en lo adelante se repetirá una y otra vez. El 26 matan otros cuatro soldados, pero muere Tuma, uno de esos hombres simples y valientes tan apreciados por el Che Guevara. Ahora son 24 los guerrilleros. El 27 de julio chocan con una patrulla y le hacen 4 muertos. Tres días más tarde cae sobre ellos un destacamento, mata a dos, uno de ellos el cuarto cubano, Ricardo, «compañero de aventuras en el primer fracaso de Segundo en el Congo». Pachungo y Villegas son heridos y esta vez es el ejército el que toma botín: «once mochilas con medicamentos, prismáticos y algunos útiles conflictivos, como la grabadora en que se copian los mensajes de Manila, el libro de Debray anotado por mí y un libro de Trotsky...», escribe Guevara, que ahora sólo tiene 22 hombres. Al ejército la acción le cuesta 3 muertos y 6 heridos, las últimas bajas militares que se mencionarán en el *Diario del Che en Bolivia*, más un muerto en «un encuentro confuso» confusamente narrado en la página que corresponde al 3 de septiembre.

Segundo. Nombre de guerra tomado, evidentemente, de la literatura gauchesca. Para desgracia suya y de otros, Ernesto Guevara no se parece al personaje de Ricardo Güiraldes. Don Segundo Sombra es, ante todo, un hombre sensato; sus características más acusadas son la prudencia y el sentido común; su relación con la realidad, con el mundo en que se mueve, es sólida. Con su tropa cada vez más mermada, sin apoyo urbano, anulada Tania como agente infiltrada en el campo enemigo, sin contacto con Cuba desde hace meses, enfrentado a la indiferencia cuando no a la hostilidad de la población campesina, amenazado por el hombre y el asma, Guevara aún cree en «la posibilidad de catalización de la guerrilla»; en la «moral prepotente y segura» de ésta, «que, bien administrada, es una garantía de éxito»; en la rápida desintegración del gobierno y en lo que haría si tuviera «100 hombre más»; en «un nuevo Vietnam». en «dos, tres, muchos Vietnams». No, Ernesto Guevara no es un hombre sensato y realista como don Segundo Sombra. Si quería usar como pseudónimo el nombre de un don famoso y literario mejor le hubiera venido Alonso Quijano.

Guevara habla también de ejercer sobre los campesinos «un terror planificado» para obligarlos a cooperar. Una idea peligrosa aunque no disparatada, tan simple como eficaz: «Cooperas con nosotros o te sacamos el alma de donde la tengas». En nuestras guerras grandes y pequeñas nunca se puso en práctica, pero el *Vietcong* la utilizó ampliamente y el *Khmer Rouge* la llevó al paroxismo. Hoy forma parte del arsenal disuasorio de Sendero Luminoso.

El Che parecía estar sufriendo de una especie de involución ética en estos sus últimos meses. En su mensaje a la Tricontinental, el *Komintern* fidelista, habla de «llevar la guerra a los hogares, a los lugares de diversión del enemigo». Esta idea es tan peligrosa como la anterior solo que su eficacia está por demostrarse. Los Montoneros la pusieron en práctica y ello los convierte en responsables secundarios de la sangrienta creciente que asoló a la Argentina. Asaltar bancos es un método discutible, es decir, se puede aceptar o rechazar. Colocar bombas en las casas de los generales, habitadas no sólo por ellos, es inadmisible. Entre otras razones, porque no se le puede proporcionar pretextos para ejercer la crueldad a quienes tienen los medios para ejercerla. Siempre ha sido catastrófico abrir las fronteras a los jinetes bárbaros.

Agosto marca el inicio de la curva descendente en la parábola guerrillera. Ante todo el asma. «Implacable» es la palabra que emplea el Che, creo que bien empleada. Hace muchos años caminé durante todo un día por la Sierra Maestra en compañía de alguien atacado por el asma. A Wichi *el Negro* nadie lo perseguía; comida no le faltaba, pues el almuerzo, a base de «carne rusa». fue opíparo; el agua estaba por todas partes, en los numerosos arroyos y en nuestras cantimploras; no hacia frío ni calor. Aún así, era impresionante verlo caminar por los trillos serranos bajo el acoso del asma, atormentado por la falta de aire. Wichi se permitió derrumbarse únicamente cuando llegamos a donde debíamos llegar. Para el Che no había llegada.

El asma era sólo suya, pero el hambre era de todos en aquel terrible agosto: «... un condor y un gato podrido, todo fue a parar adentro junto con el último pedazo de anta». El hambre y la sed:«...los macheteros sufrían desmayos, Miguel y Darío se tomaban los orines y otro tanto hacia *El Chino*...». El hambre, la sed y la desesperación: en sucesivos raptos de furia, el Che acuchilla el cuello de su agotada cabalgadura y maltrata al bronco y sentimental Olo Pantoja; su fortaleza espiritual lo salva de la depresión, pero mientras él se refugia en la furia, algunos de sus compañeros «se están desmoronando por falta de agua». Otros tienen razones particulares: *El Chino* es miope y las marchas nocturnas son un tormento para él, lo cual puedo afirmar con conocimiento de causa. A Octavio de la Concepción, el médico, no le falla la vista sino todo el organismo; el débil joven que quiso ser héroe será, hasta su muerte, una carga para la acosada guerrilla.

Mientras estos hombres padecen, ¿qué hace Fidel? Hablar. Fidel habla. En la clausura de la Primera (y última) Conferencia de la Organización Latinoamericana de Solidaridad (OLAS), otro engendro fidelista, el Comandante en Jefe «arremete contra los partidos tradicionales y, sobre todo, contra el venezolano». escribe el Che. Olvida consignar que en la diatriba se incluye a los soviéticos, lo cual fue recibido con aplausos más o menos entusiastas por los izquierdistas latinoamericanos que ocupaban el escenario del teatro Chaplin, que antes se llamó Blanquita en honor a la esposa muerta de un señor muy rico y ahora se llama Karl Marx. Todos aplaudían la catilinaria antisoviética de Fidel, todos menos Rodney Arizmendi, sentado en la primera fila de la presidencia, a la vera de Raúl Castro. Raúl batía palmas con frenesí mientras miraba fijamente al impasible comunista uruguayo, quien sonreía con algo parecido a la beatitud, como si contemplara en su imaginación el futuro sometimiento de Fidel a los dictados de Brézhniev. Desde la platea, un joven guía de aborígenes australes contemplaba la escena.

«Vietnam está trágicamente solo». Palabras de Ernesto Guevara en su llevado y traído mensaje a la Tricontinental. No estaba tan solo: las armas con las que luchaban los vietnamitas venían de alguna parte. Solos estaban el Che Guevara y sus hombres. Solo e indefenso ante el asma quedó el Che cuando, poco después del tronante discurso de Fidel, el ejército descubrió la cueva donde se guardaban las medicinas. También se guardaban documentos y fotografías; como resultado, la tesorera de lo que había sido la rama urbana, Loyola Guzmán, fue a parar con sus frágiles y bonitos huesos a la cárcel.

En los primeros días de septiembre, un nuevo golpe: el grupo de Vilo Acuña es aniquilado al cruzar un vado. Mueren tres comandantes, *Pinares*, Machín y el propio Acuña. Muere Tamara Bunke y el río se lleva su cuerpo. Se habían separado hacía cuatro meses y medio, y para cada destacamento fue como si el otro hubiese dejado de existir.

Vitalio Acuña. El teniente Tellechea se había graduado en los últimos meses de la dictadura de Batista. Se le permitió permanecer en el ejército y para que hiciera méritos, se le encomendó la captura de Manuel Beatón, un soldado que había matado a tiros a su comandante. El joven y voluntarioso teniente persiguió a Beatón por media Sierra Maestra hasta que un día lo acorraló contra un precipicio. Pero aquel guajiro era la pata del diablo: bajó, nadie supo cómo, por la faralla, dejó allí las nalgas pero escapó con lo demás. Tellechea quedó traumatizado; para liberarse de sus traumas, se empeñó en capturar a la guerrilla de Alberto Muller y condujo a sus 150 soldados y milicianos en un frenético maratón montañez de dos semanas. En uno de aquellos días llegamos a un bohío en cuyos alrededores acampaba un pelotón del ejército. Un hombre alto, corpulento y tosco, de uniforme desteñido y sin insignias, veía llegar la derrengada tropa con una expresión de lástima en sus feas y plácidas facciones. Vilo Acuña, me dijo alguien. Era uno de los comandantes guajiros, uno de los muchos campesinos que se unieron a Fidel Castro (y al Che Guevara) en los primeros días, en las primeras semanas, en los primeros meses de la guerrilla en la Sierra Maestra. Pero a él nadie se le unió en Bolivia. No escribió diario alguno, por lo que no hay testimonio de su soledad como lo hay de la del Che: «...se escapó todo el mundo (...) hubo muy poca colaboración y se debió recurrir a las amenazas (...) la gente tiene mucho miedo y trata de desaparecer de nuestra presencia (...) nos recibe con terror (...) asombrados y callados campesinos...». Hostilidad, enfermedad, abandono: el comandante en su laberinto. La hostilidad, la enfermedad y el abandono serán distintos a los que padeció Bolívar, pero la muerte siempre es igual a si misma. Que las balas te destrocen el hígado y los intestinos o que la tuberculosis te destroce los pulmones, de todos modos muerto estás.

«Septiembre 26. Derrota». El día comienza bien, increíblemente bien: los vecinos de un villorrio llamado Picacho se muestran hospitalarios. Pero lo que parecía un buen augurio resultó una burla del destino: «Al llegar a la Higuera todo cambió, habían desaparecido los hombres y sólo alguna que otra mujer había». Y allí, en la Higuera, el ejército sorprende a la retaguardia del Che y mata a tres hombres, uno de ellos Coco Peredo, quien con su hermano Inti, serán los únicos bolivianos que logren destacarse en la guerrilla. Otros dos bolivianos desertan, con lo que el Ejército de Liberación Nacional se ve reducido a 17 hombres.

El 7 de octubre el Che Guevara escribe lo que será la última página de su diario. Las palabras finales se refieren a la altitud del lugar en que se encuentran: «h — 2,000 Ms». La misma del punto más alto de Cuba. Al día siguiente, en la quebrada del Yuro, los *rangers* comandados por el capitán Gary Prado cierran el cerco. El Che cae prisionero. Alberto Fernández, Pachungo, el alegre muchacho de la casa de Guttemberg, muere junto a él. Muere también el entusiasta *Chino*. Mueren casi todos. Octavio de la Concepción, el desmedrado médico, logra escapar pero vivirá pocos días. Inti Peredo no vivirá mucho más. Tres cubanos escapan, logran llegar a Chile donde los protege el senador Allende, llegan a Cuba donde se los tragará la obscuridad; Fidel los hubiese preferido muertos.

«Es lo más incapaz que se puede pedir». escribió Guevara refiriéndose al general René Barrientos, Presidente de Bolivia. Para desgracia de la persona del comandante guerrillero, para suerte de su leyenda, Barrientos era demasiado incapaz. El más elemental sentido común indica que a Ernesto Guevara de la Serna, de nacionalidad argentina, de conocidos vínculos con el gobierno cubano, se le debió juzgar bajo los cargos de homicidio culposo de 33 soldados bolivianos, daños a la propiedad estatal, entrada ilegal al país, uso de documentación falsa, conspiración y actos de guerra en beneficio de una potencia extranjera. La condena hubiera podido ser entre treinta y cuarenta años.

Una vez en la cárcel, debió ser tratado con el respeto debido. Nada de maltratos, nada de incomodidades innecesarias. Comida abundante, rica en grasas e hidratos de carbono, y yerba mate para que cebase sus «amargachos»; libros, los que quisiera: las Obras Completas de Trotsky, los Profetas Armados y Desarmados de Deutscher, en fin, lo que pidiera; papel y maquina de escribir (tenía una letra infernal) y libre comunicación con Feltrinelli o cualquier editor que se interesara en sus escritos.

Cuatro o cinco años después, en los primeros '70, debió proponérsele a Fidel Castro un canje de prisioneros, digamos Huber Matos por Ernesto Che Guevara; comandante por comandante.

Todo eso pudo y debió hacerse, pero no se hizo: el incapaz general Barrientos, el no menos incapaz general Ovando que luego lo derrocaría, toda la caterva de obtusos gorilas bolivianos decretaron la muerte del vencido, del fracasado, del iluso Che Guevara, y convirtieron su fracaso en martirologio. A veces me parece como si todos los imbéciles de este mundo hicieran siempre lo que a Fidel le conviene que hagan.

Se dice que un cubano agente de la CIA destacado en Bolivia trató de salvarle la vida al Che. Lo creo. Y creo que su actitud no estaba motivada por sentimiento humanitario alguno sino por el sentido común a que ya me referí. *Nothing personal. It's only business.* Ciertos *gansters* son más sensatos que ciertos generales; más sensatos y menos cobardes, porque lo de Barrientos y sus colegas fue miedo, miedo a un hombre cuyas ideas lo habían conducido a una derrota aplastante, pero que aún creía en ellas. Los tiranos son gente extraña: sólo confían en la fuerza y al mismo tiempo le temen a las ideas. Fidel también es así.

Ya he citado antes a Mario Puzzo y a sus Corleone. También, en otra parte de mi extensa bibliografía, he citado la frase de Talleyrand acerca de una ejecución inconveniente: «No fue un crimen. Fue una estupidez». La muerte del Che Guevara fue una estupidez mucho peor.

«Nuevo Viracocha, de él se esperaban todas las saetas de la posibilidad y ahora se esperaban todos los prodigios de la ensoñación». escribió José Lezama Lima. «¿Por qué mataron al Ze?», preguntó Verónica, que entonces confrontaba problemas con la ch. La niña y el poeta, cada cual a su manera, expresaban la conmoción de los cubanos ante la muerte de Ernesto Che Guevara. Yo fui, por última vez, a la Plaza de la Revolución, ese enorme solar yermo donde la propaganda oficial reúne multitudes de un millón de personas aunque sólo hay espacio físico para 250 mil. Allí tenía lugar la velada mortuoria en honor al Che y quise asistir. No pude acercarme a menos de cien metros de la plaza; el gentío bloqueaba las avenidas de acceso. Una idea no se convierte en respetable porque haya hombres dispuestos a morir por ella, pero al hombre que muere por una idea nunca le faltará respeto. Valorar por separado a un hombre y a su pensamiento es algo totalmente irracional pero muy frecuente; y de la irracionalidad nacen los mitos.

CAPÍTULO X
Y SÓLO QUEDÓ EL ODIO

No deben olvidarse las diferencias generadas por personalidades disímiles. Yo no las olvido. Pero aún considerándolas me parecen grandes ciertos distanciamientos. Lo que era cercano se volvió lejano y lo lejano se va haciendo remoto. El guevarismo muere.

¿Qué queda de él? ¿Qué ha quedado del comunismo, de aquella ideología dueña de verdades irrebatibles, que primero recorrió Europa como fantasma y luego conquistó la cuarta parte del planeta? Aquella ideología que no sólo era la única explicación científica del devenir humano, sino que era capaz de generar amor y odio en personas nada interesadas en ciencias y devenires; capaz de provocar los mayores sacrificios y la más extricta obediencia.

Hace mucho tiempo, cuando Celia de la Serna y Ernesto Guevara Lynch aún no se conocían, un pequeño destacamento del entonces joven Ejército Rojo capturó, puede decirse que por casualidad, al teniente Vadim Nicoláievich Govoruja-Otrok, enviado personal del almirante Kolchak ante el general Denikin. Formaba parte del destacamento una muchacha llamada María Filatovna Basova, una simple muchacha rusa que había sido obrera de una procesadora de pescado en Astrakhán. En realidad, no era tan simple; su capacidad para la pasión era muy grande aunque sólo se había expresado en versos defectuosos escritos en honor a Lenin y al proletariado y, lo más importante hasta entonces: su puntería era prodigiosa; tanto, que, en los combates, su jefe la reservaba para disparar sólo contra los oficiales enemigos, y ya había enviado al otro mundo a cuarenta de éstos. Cuenta Borís Lavréniev, dueño de esta historia seguramente cierta, que el destacamento llegó al Mar de Aral, el inmenso lago del Asia Central, y allí el jefe embarcó en un bote al oficial, a dos soldados y a María, encargándole a ésta que condujese al importante prisionero no recuerdo adonde.

Vadim, un hombre gentil, se había interesado por los poemas de su guardiana. «Puede ser que el tema de esos poemas me sea extraño, pero un ser humano siempre puede comprender a otro». le dijo. Ese día apareció la primera grieta en el muro de hostilidad levantado por ella, y muchos días después, cuando naufragaron y el mar se tragó a los dos soldados y quedaron solos, Vadim y María, en una isla desierta del mar de Aral abastecida de agua potable y pescado salado por unos pescadores representantes del Buen Dios que la utilizaban como base...en fin, que el joven teniente blanco y la joven guardia roja terminaron haciendo el amor.

Fueron mucho más allá: se enamoraron. Ambos. Solos, ajenos al mundo, rodeados por la borrascosa inmensidad del lago, se dedicaron a disfrutar de lo que tenían, a soñar con lo que tendrían y, de vez en cuando, a reñir.

Hasta un día en que apareció una vela en el horizonte, que se agrandó hasta hacerles comprender que no era una barca de pescadores y se acercó hasta que ambos supieron que sus tripulantes eran gentes de uniforme y que algunos uniformes tenían galones dorados: hombres de Kolchak, de Denikin. Blancos.

Saltando de alegría, gritando, agitando los brazos, Vadim fue hasta la orilla, penetró en el agua. Entonces ella recordó su deber: aquel oficial era importante, no podía volver a reunirse con los suyos. Antes debía morir. Se echó el fusil a la cara y disparó. Mariusha había matado a su primer hombre, a su cuadragesimoprimer oficial.

¿Cómo pudiste, muchacha, matar a tu amor? ¿Cómo pudiste? ¿Quién te ordenó hacer tal cosa? Tu comisario, el jefe de tu destacamento, por cuya boca hablaban Lenin, Presidente del Consejo de Comisarios del Pueblo, y Trotsky, Comisario del Pueblo para la Defensa. También pudiera habértelo ordenado el Che de haber coincidido contigo en tiempo y lugar. «El odio como factor de lucha; el odio intransigente al enemigo, que impulsa más allá de las limitaciones del ser humano y lo convierte en una efectiva, violenta, selectiva y fría máquina de matar». Así hablaba el Che Guevara, y tu, Mariusha, eras la respuesta casi perfecta a su reclamo: efectiva, violenta y tan selectiva que únicamente matabas oficiales. Solo te faltaba ser fría, pero nadie es perfecto. Fría, no eras. Por eso te hundiste en la desesperación cuando tu Vadim se hundió en las aguas del Aral. Por eso moriste cuando lo mataste. Así tenía que ser y así fue. Lo importante, lo único que contaba era que ese teniente de San Petersburgo no se reuniera de nuevo con los suyos. Lo demás era secundario o no existía o no debía existir. Los revolucionarios, los grandes revolucionarios como el camarada Lenin, como el camarada Trotsky, como el compañero Che, «no pueden descender con su pequeña dosis de cariño cotidiano hacia los lugares donde el hombre común lo ejercita». Eso del hombre común incluye también a la mujer común, y tu, muchacha rusa, eras sumamente común. Lo único descomunal en ti era la puntería. ¿O no?

¿Qué quedó de todo aquello, de aquello por lo que María mató a Vadim, por lo que tantos mataron a tantísimos? Ya no hay comisarios del pueblo ni *soviets* ni bolcheviques ni Partido Comunista ni Ejército Rojo ni Gran Revolución Socialista de Octubre. Y pronto, dentro de pocos años, quizás no exista ni siquiera el Mar de Aral. Unos burócratas, esos seres que tanto detestaba el Che Guevara pero que inevitablemente proliferan en el modelo de sociedad que él preconizaba, unos planificadores cuyas decisiones se apoyaban en el método de análisis del socialismo científico, decidieron que era necesario represar el Syr-Daria y el Amu-Daria, los ríos que llevaban al Aral las aguas del deshielo que bajan de la meseta del Pamir. Represados, pues, fueron los ríos y el gran lago salado comenzó a secarse. Dentro de unos años, cuando los que hubieran podido ser los tataranietos de Vadim y María pasen por allí, sólo encontrarán un desierto salino, enemigo del hombre y de las tierras circundantes; un gran espacio vacío, desolado. Amargo.

Roberto Luque Escalona
El Vedado, 24 de octubre de 1991
Lawton, 21 de marzo de 1992
El capítulo sobre el Congo y otros cambios en
Miami, Florida, 2022

www.ingramcontent.com/pod-product-compliance
Lightning Source LLC
Chambersburg PA
CBHW030524080526
44586CB00011B/317